AF168241

Endlich Sonne

GRAN CANARIA

44 TOUREN FÜR DEINEN URLAUB

GRAN CANARIA

44 TOUREN FÜR DEINEN URLAUB

Inhalt

Grundwissen

Touren 1–44

Unsere Wander-Hacks

Endlich was Neues ausprobieren

Von Vorteil für Mensch & Natur

Impressum

Endlich Feierabend

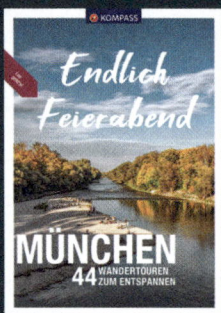

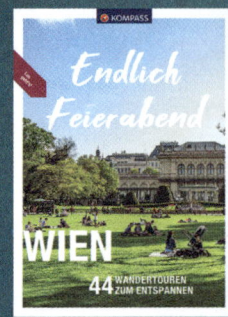

Endlich Erfrischung & Endlich Fahrtwind

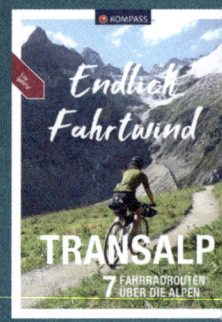

Endlich aufs Wasser & Endlich Sonne

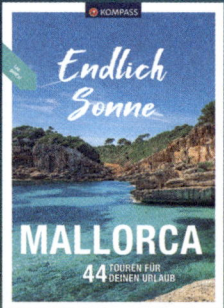
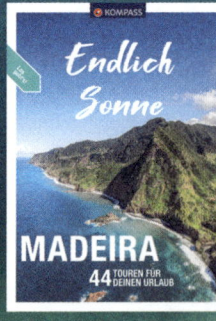

Endlich Wildnis & Endlich hoch hinaus

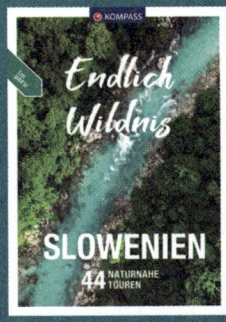

Entdecke mehr aus unserer neuen Reihe Endlich...

Vom Stand-Up-Paddleführer über Hüttenführern bis hin zu entspannten Feierabendtouren haben wir für jedes Vorhaben das Richtige. Wir motivieren dich, geben dir alle nötigen Informationen mit auf den Weg und zeigen dir, worauf es ankommt, um perfekte Momente zu erleben. Schau doch mal auf unserer Website vorbei: www.kompass.at.

Endlich Hüttenzeit & Endlich Genuss

Tourenübersicht

TOUREN 1–11

Unser
Highlight

TOUREN 12–22

Tourenübersicht

TOUREN 23–33

TOUREN 34–44

Tenerife - Gran Canaria

Huelva - Gran Canaria

Lanzarote - Gran Canaria

Fuerteventura - Gran Canaria

5

LAS PALMAS DE GRAN CANARIA

6

GC-23

3

Moya

4

Arucas

Firgas

GC-3

GC-31

7

Tafira Baja

15

14

Teror

GC-3

16

GC-4

1 Hoya Parral;Marfea

Valleseco

Santa Brígida

21

25

20

Vega de San Mateo

GC-1

18

26

Telde

Valsequillo

27

22

23

24

15 Ojos de Garza

33

34

35

36

San Bartolomé
de Tirajana

Ingenio

Agüimes

39

37

8

26 Vecindario;Balos

GC-1

Amurga

43

42

Endlich ...

geht es los!

Willst du nicht auch endlich Sonne? Wir haben in diesem Band die schönsten Urlaubstouren zusammengestellt und nehmen dich mit auf einen (ent)spannenden Inseltrip! Der Großteil der Touren entführt dich ins zerklüftete Innere der Insel oder an der Küste entlang. Auf drei besonderen Touren erkundest du mit dem Stand-Up-Paddle wunderschöne Buchten vom Wasser aus. Und als ganz besonderen Leckerbissen stellen wir dir fünf tolle Surfspots der Insel vor. Vom Anfänger bis zum Profi ist da für jeden was dabei! Worauf also noch warten? Rucksack geschultert, Badehose eingepackt und los kann's gehen – auf nach Gran Canaria, einem wahrhaft vielseitigen Inselparadies!

Sonne, Strand, Meer – und Berge. Alles, was das Urlaubs- und Wanderherz begehrt, tummelt sich da auf einer Insel. Gran Canaria gehört zu einer Inselgruppe – dem Kanarischen Archipel, das sich aus sieben Inseln zusammensetzt. Als drittgrößte kanarische Insel ist sie aus einem riesigen Schichtvulkan entstanden. Über Millionen von Jahren entstand eine reizvolle und vor allem sehr vielfältige Landschaft. Ganz besonders prägende Elemente dieser wilden Landschaft sind sicherlich die tiefen Barrancos, die sich tiefklüftig in die Landschaft schneiden, sowie natürlich die Calderas, die Einsturzkrater erloschener Vulkane. Eines von beiden wird uns auf fast jeder Tour begegnen.

Endlich Sonne Gran Canaria entführt dich raus aus dem Alltag, rein in die Auszeit! Ob Naturerlebnis in den Bergen oder Strandleben am Meer – zum Ausspannen ist hier für jeden die passende Tour dabei. Pack deine sieben Sachen und deine Liebsten ein und dann heißt es endlich Sonne und „Bienvenido a Gran Canaria" (auf deutsch: Willkommen auf Gran Canaria).

Endlich alle 7 Sachen zusammen

Deine Packliste

MATERIALCHECK

Unsere Touren auf der Insel sind – bis einige wenige Ausnahmen - von überschaubarer Länge. Dennoch – manchmal geht's in die Einsamkeit und richtig hoch hinauf auf Gran Canaria. Die wichtigsten Utensilien für die spannenden Wanderungen haben wir dir hier aber nochmal zusammengestellt:

- ○ Festes Schuhwerk mit griffiger Sohle
- ○ Dünne wind- und regendichte Jacke
- ○ Getränke (mind. 1,5 Liter!)
- ○ Erste-Hilfe-Set
- ○ GPS-fähiges Mobiltelefon
- ○ Dünnes Tuch für den Strand
- ○ Brotzeit & Getränke (mind. 1,5 Liter!)

- ○ Gut sitzender Wanderrucksack
- ○ Teleskop- oder Faltstöcke
- ○ Sonnenschutz (Brille, Hut, Sonnencreme)
- ○ Mikrofaser Handtuch & Badesachen
- ○ Kompass und Wanderkarte
- ○ Taschen- oder Stirnlampe für Höhlen
- ○ Wechselkleidung

Endlich gern gesehen

Verhaltenskodex

UNTERWEGS IM URLAUB

Anders als bei anderen Sportarten bewegst du dich beim Wandern, Stand-Up-Paddeln und Kajakfahren nicht in Sporthallen oder auf Sportplätzen, sondern in der freien Natur oder in Kulturlandschaften – und das auch als Gast. Durch nachhaltiges Denken und Respekt können wir dazu beitragen, unsere Natur und Kulturlandschaft zu schützen und sie dennoch zu genießen. Deswegen haben wir hier für dich ein paar Verhaltensregeln zusammengestellt, die du beachten solltest.

Und das kannst du machen ...

01 **Auf den Wegen bleiben:** Nicht umsonst befinden sich oft am Weges-rand diese Hinweisschilder, die auch eingehalten werden sollten.

02 **Keine Pflanzen mitnehmen:** Nicht nur die Blumen sind ein Tabu, auch alle anderen Pflanzen sollten weder gepflückt noch für den heimischen Garten ausgegraben werden.

03 **Müll und Essensreste wieder mitnehmen:** Weder Verpackungsmüll noch vermeintlicher „natürlicher" Abfall sollte einfach liegengelassen werden. Schalen exotischer Früchte verrotten nur langsam und stellen auch keine Nah-rung für Wildtiere dar.

04 **Hunde an die Leine:** Damit sie kein Wild aufschrecken oder es sogar ja-gen, sollten Hunde an der Leine geführt werden. Unsere vierbeinigen Freunde freuen sich auch mit Leine über den Auslauf.

05 **Naturschutzgebiete respektieren:** Mancherorts wird mit einem Schild darauf hingewiesen. Hier sollte unnötiger Lärm, Zertrampeln von Vegetation und das Gehen abseits der Wege vermieden werden.

06 **Absperrungen einhalten:** Wege bzw. Wegabschnitte sind aus ver-schiedenen Gründen immer wieder einmal gesperrt. Das sollte auch respektiert werden. Am besten vorher informieren, ob die gewünschten Wege auch be-gangen werden können.

07 **Vorsicht bei den Klippen:** Die Steilküsten sind wunderschön, aber auch tückisch. Bleibe also auf den Wegen und plane auch etwas mehr Zeit ein. Die Natur dankt es dir, wenn du nicht querfeldein läufst.

Grundwissen

Wandern

Wandern ist ein ideales Mittel, um einfach mal auszuspannen und den Alltag hinter sich zu lassen. Nur der eigenen Bewegung folgen, sich auf seine Schritte und den eigenen Rhythmus konzentrieren. Die Natur und ihre Schönheit genießen. Dennoch gilt es einiges zu beachten, damit der Spaß nicht auf der Strecke bleibt.

Tourenplanung: Wichtig für den Einstieg ist auch die richtige Wahl der Tour. Lieber erstmal klein anfangen und sich dann stetig steigern. Ideal sind dafür Küstenwanderungen mit wenigen Höhenmetern. Sobald du mit dem Gelände vertraut bist, kannst du dich in die zerklüfteten Barrancos und auf die steilen Calderas wagen.

Wettercheck: Gerade im Gebirge ist stabiles Wetter manchmal lebensnotwendig. Sich bereits zwei bis drei Tage vorher zu informieren und am Abend vor der Tour oder bei Unsicherheit sogar morgens nochmal das Wetter abzuklären, kann oft böse Überraschungen vermeiden. Flexibel bleiben hält bei Laune – bei dicken Wolken über dem Zentralmassiv wird's dann halt die Strandwanderung.

Orientierung: Auf Gran Canaria sind bei Weitem nicht alle Wege so gut ausgeschildert wie in manchen Alpenregionen. Daher sind eine Wanderkarte oder das GPS Gerät unabdingbare Begleiter. Anstelle von Farbmarkierungen weisen oft Steinmännchen den Weg

Notruf bei Unfällen: Im Falle eines Unfalls haben Ruhe bewahren und überlegtes Handeln oberste Priorität. Erst einen Überblick über die Situation verschaffen, dann wird mit der europaweit gültigen Notrufnummer 112 ein Notruf auf Deutsch abgesetzt. Funklöcher oder kein Handy erfordern das alpine Notsignal mittels Hilferufen (span: soccoro) Pfiffen oder Licht: alle zehn Sekunden eine Minute lang ein Signal, dann eine Minute Pause, dann wieder alle zehn Sekunden eine Minute lang ein Signal geben u.s.w.

Grundwissen

Wandern

TOUREN-1×1 & LEXIKON

Die Klassifizierung der Touren ist als Richtwert zu verstehen. Schätze dein Können und deine Kräfte realistisch ein und richte deine Tourenauswahl danach aus.

LEICHT: Meist gut markierte, breite Wanderwege ohne Gefahrenstellen, die stellenweise auch etwas steilere, wurzelige und felsige Passagen aufweisen können. Die Routen sind für Anfänger, Kinder sowie fitte, ältere Personen geeignet und setzen keine großartige Bergerfahrung voraus.

MITTEL: Anspruchsvollere Wege und Pfade mit teils unwegsamem Untergrund (steinig, wurzelig, verwachsen, rutschig), die meist gut markiert sind und phasenweise leicht ausgesetzte Abschnitte beinhalten können. Die Routen sind überwiegend länger und setzen Bergerfahrung und eine gute Grundkondition voraus.

SCHWER: Herausfordernde Touren, meist auf schmalen und steilen Steigen in alpinem Gelände. Stellenweise können kurze (durch Drahtseile versicherte) Kletter- und Kraxelpassagen vorkommen, bei denen die Hände zu Hilfe genommen werden müssen. Es ist mit längeren An- und Abstiegen zu rechnen. Langjährige Bergerfahrung, Trittsicherheit und Schwindelfreiheit sowie ausgezeichnete Kondition sind Grundvoraussetzung!

Gehzeiten: Die angeführten Zeitangaben verstehen sich als Richtwerte für die reine Gehzeit ohne Pausen und basieren auf folgenden Erfahrungswerten pro Stunde: Aufstieg 400 Höhenmeter, Abstieg 600 Höhenmeter, 4 km auf flacher Strecke.

Wandersaison: Grundsätzlich lässt es sich auf Gran Canaria wegen des milden Klimas ganzjährig gut wandern. Besonders im Winter solltest du bei Minustemperaturen und Nässe auf die Wegverhältnisse achten. Auch die einfallenden Passatwinde und der damit verbundene Nebel sind nicht zu unterschätzen: So werden einfache Strecken erschwert und machen diese rutschig. Informiere dich am besten in der Region über die aktuelle Begehbarkeit der Wege und die Öffnungszeiten der Zufahrtsstraßen sowie Einkehrmöglichkeiten, um keine unerwarteten Überraschungen zu erleben. Auch die Beschilderung ist weniger ausgeprägt als bei uns. Die Routen führen über alte Saumpfade und Maultierwege, auch oft über Forstwege. Die meisten Routen müssen aufgrund der Karten und Beschreibungen gefunden werden.

TOUREN 01 – 44
BESCHREIBUNGEN

MONUMENTO NATURAL DE ALMAGRO

Punta del Arrastradero
104

'Aridos
Vertedero
El Roque
El Cerrillar

Punta Redonda

Punta Marqués

Almagro
468
503
Granja Porcina
La Roseta

Montaña Cordonal
168

Reptilario

Punta del Puerto

Punta de
Cardonal
79

Puerto el Juncal

GC-2

Cuevas de
las Cruces

La Fortaleza
106

Piso Firme

Punta Gorda

Llano de las Moriscas

GC-2

GC-293

Punta del Turnas

Puerto de las Nieves

Los Llanos

El Dedo
de Dios

Ermita d.l. Virgen
de las Nieves

Iglesia de la Concepción

Agaete

La Palmita

Roque de las Nieves

285

Huerto de las Flores

Parque Arqueologicó
Maipés de Agaete

Presa de
Barranco Hondo

Risco Partido

GC-200

GC-231

La Suerte

Playa de las Nieves

Las Longueras
Casas del Chapín

Bajada del Negro

465

Las Cuevecillas

Playa de Guayedra

Playa de Sotavento

La Higuera

Paso Iolo

Guayedra

Punta de la Palma
El Roque

Guayedra

Roque Bermeio

Hoya de Segura

Piedra

Mirador
de la Vuelta
de Paloma

Montaña Bibique
651

Playa Segura

La Playita

Cuevas de
Bibique

Los Farallones

Cruz de Dionisio

Montaña de Las Presas
1031

La Laja del Risco

1083

1087

124

Monataña Faneque
1022

Casas de Tamadaba

1222
1216

Cruz del Tabaibal

1022

Pico de la Casa
1309

Risco Faneque

1033

Cueva Gacha
Roque Faneque

Camparnento

Campamento de
Tamadaba

Siete Pinos

1291

0   500m

Playa del Risco

Los Roques

Casa Forestal

Cueva del Zapatero

Montaña de Tamadaba

Santa Cruz de Tenerife (2:00 h)

Panoramatour 01

Playa de Guayerda
Einsamer Strandspaziergang im Nordwesten

DAUER	1h 15min
LÄNGE	3,1 km
HÖHENMETER	150 hm
SCHWIERIGKEIT	LEICHT
MIT ÖPNV ERREICHBAR	ja

Das erwartet dich ...

Die Wanderung ist kurz und gleicht eher einem gemütlichen Spaziergang. Sie führt uns über Sandpisten, Küstenpfade und Wanderwege ohne schwierige Steigungen dahin. Zudem ist die Route sehr gut mit Wegweisern ausgeschildert. Bei ruhiger See können wir uns am Strand ein wenig Zeit für ein Bad im Atlantik nehmen, unterwegs gibt es einige einladende Badestellen.

Start & Ziel & Anreise

Wir starten beim Hafen von Puerto de las Nieves westlich von Agaete. Mit dem Auto erreichen wir den Ort über die GC-2, auch Autovía del Norte de Gran Canaria. Parkplätze gibt es an der Calle Alonso Fernández de Lugo. Bus Nr. 103 fährt von Las Palmas Estación San Temo direkt nach Puerto de Las Nieves.

Tourenbeschreibung

Das kleine Örtchen Agaete ganz im Nordwesten der Insel ist wohl eher wenigen Gran Canaria Urlaubern bekannt. Aber nicht bedeutungslos, leitet sie doch den wildreichen westlichen Küstenabschnitt ein. Unterwegs werden wir von gewaltigen Klippen begleitet, die gut 1000 Meter bis zum Tamadaba-Massiv hinaufreichen. Unser Ziel ist ein kleiner Strand, der mit seiner leuchtend grünen Vegetation wie eine Oase aus dem kargen Braun herausragt. Unter der Woche ist es hier sehr einsam; so haben wir gute Chancen, die kleine Bucht ganz für uns alleine zu haben. Die Landschaft um Agaete herum ist schroff und steil. Im historischen Ortskern liegt die Kirche Iglesia de la Concepción, die eine Kapelle aus dem Jahre 1515 ersetzte. Im benachbarten Puerto de las Nieves gibt es eine Kapelle mit einem dreiteiligen Flügelaltar. Ein Besuch lohnt sich!

Wir orientieren uns an der Küstenstraße, die entlang der Mole von Puerto de las Nieves verläuft. Beim Restaurant El Dedo de Dios und dem gleichnamigen Felsen beginnt diese Streckenwanderung zur einsamen Playa de Guayedra und weiter zur Playa de Sotavento. Der „Dedo de Dios" oder auch „Finger Gottes" ist das Wahrzeichen des Hafens. Es geht nach Süden, auf den Hafen zu und dann immer an der Zufahrtsstraße entlang bis an den westlichen Ortsrand von Agaete. Beim Kreisverkehr der GC-172, der nördlichen Fernstraße der Insel, beginnt unsere Wanderrunde, die durchgehend mit Wegweisern ausgeschildert ist. Ein Pflaster-weg leitet uns vom Kreisverkehr weg Richtung Südwesten und steil hinauf. Sofort schwenkt er nach links, auf den Königsweg nach Guyaedra. Eine viertel Stunde später erreichen wir eine markante Linkskurve an der Straße Agaete–San Nicolás.

Nachdem wir ungefähr zweihundert Meter an der Straßen entlang geschlendert sind, gelangen wir zu einem Aussichtspunkt, der uns weite Rundblicke auf die Westküste ermöglicht. Wir wandern noch einmal zweihundert Meter weiter, dann schickt uns ein Wegweiser nach rechts, auf die Fortsetzung des Wanderwe-ges. Steil zieht er nun zur Küste hinab, bietet uns aber stetig einen Blick auf den Strand, zu dem die Route am Ende hin flacher ausläuft. Nach einer Finca stoßen wir auf den einsamen Lavastrand von Playa Guayedra. Weglos wandern wir von hier aus bis zur Playa de Sotavento. Der Rückweg erfolgt auf derselben Route.

Falls wir noch etwas Zeit haben, können wir den Rückweg auch verlängern. Bei-spielsweise indem wir die Hänge entlang des Barranco del Moro aufsteigen und so diese Tour teilweise zu einer Rundwanderung gestalten. Dafür gehen wir bis zur Einmündung des Pfades zur Straße Agaete–San Nicolás zurück. Ein Wegschild schickt uns auf einen breiten Weg gegenüber. Kurvenreich steigen wir einen Hangrücken empor. Hinter den Resten eines Kalkofens erreichen wir eine Weg-gabel. Wir biegen links ab und wandern erst steil, dann flacher nach Norden, dem Örtchen Agaete entgegen. An einer Einsattelung geht's nach rechts, ein Wasser-speicher dient hier zur Orientierung. Dann folgen wir einer Piste in den Talgrund. Hier zweigt rechter Hand ein Trampelpfad ab. Wir folgen ihm zur Calle San Ger-mán und mit ihr ins Ortszentrum von Agaete. Schließlich stehen wir wieder am Kirchplatz mit den Hinweistafeln zu den verschiedenen Bauten des Ortes.

Montaña de Guía
Auf den Hausberg der Universitätsstadt

DAUER	3h
LÄNGE	8 km
HÖHENMETER	450 hm
SCHWIERIGKEIT	MITTEL
MIT ÖPNV ERREICHBAR	ja

Das erwartet dich ...

Die Rundwanderung ist nicht besonders lang, aber dafür sehr abwechslungsreich. Sie streift kleine Ortschaften und hält herrliche Aussichten parat. Unser Weg führt uns dabei über steile Asphaltstraßen, Feldwege, Bergstraßen und Dorfwege. Unser Ziel ist der Hausberg von Guía, der uns mit herrlicher Flora lockt und weite Blicke ins Tal gewährt.

Start & Ziel & Anreise

Los geht's an der Hauptstraße von Guía. Von Las Palmas fahren wir mit dem Auto über die GC-2 nach Westen. Nach guten zwanzig Kilometern nehmen wir die Ausfahrt 22. Parkplätze gibt es in der Calle Lomo Guillen. Von Las Palmas fährt der Bus Nr. 103 Richtung Puerto de las Nieves nach Guía.

Tourenbeschreibung

Guía ist eine Universitätsstadt im Nordwesten von Gran Canaria und mit Galdar die wichtigste Stadt auf dieser Seite der Insel. Das Gemeindegebiet wird von einer felsigen Küste eingefasst, deren Klippen von der Erosion geformt wurden. Vor den Toren der Stadt erhebt sich der Hausberg von Guía. Vom belebten Ortskern aus wirkt er eher wie ein weitläufiges Plateau, doch von der Nordseite aus bietet sich schon ein ganz anderes Bild: Steil brechen hier die Flanken zum Barranco Lomo de Betancort ab. An diese Seite des Berges schmiegt sich die Wallfahrtskirche San Antonio und der kleine Weiler Hoya de Pineda, das als Zentrum für die traditionelle Töpferei bekannt ist.

Wir starten an der Hauptstraße von Guía. Der Parkplatz wird von einem großen Grünstreifen von der Fahrbahn abgetrennt. Wir biegen nach rechts in die Straße nach Norden ein. Sie durchquert das neue Universitätsviertel und quert recht bald ein trockenes Flussbett. Zu unserer Linken sehen wir die neuen Campusbauten, dann erreichen wir eine Gabelung: Beim Denkmal für Salvator Díaz Santana Pollo de Anzo befindet sich auch ein Wegweiser. Er deutet nach links hinauf zu unserem Ziel. Steil steigt die Straße in den Ortsteil Anzo hinauf und schwenkt nach einigen Serpentinen nach Westen. Der Weg flacht ab und vor einem Wohnhaus folgen wir einem steilen Schotterweg nach rechts. Er ist mit „Montaña de Guía" gekennzeichnet.

Hinter den letzten Gehöften steigen wir ins wiesenartige Gelände des Plateaubergs an. An der nächsten Weggabelung folgen wir einem Pfad nach links, es geht in mäßiger Steigung über das Plateau des Berges bis zum höchsten Punkt der Montaña de Guía. Der Weg ist teils mit Steinmauern gesäumt. Im Norden blicken wir nun auf das kleine Dorf Hoya de Pineda hinab. Im Süden erstreckt sich die weitläufige Siedlung von Guía. Unser Weg bringt uns nahe der Abbruchkante weiter. Wir wenden uns nach links und lassen uns wieder von einem Pfad leiten. Er schlängelt sich in Serpentinen nach Hoya de Pineda hinab. Links des Ortes können wir der Wallfahrtskirche San Antonio einen Besuch abstatten. Unweit davon befindet sich ein Interpretationszentrum, das an die lange Tradition der Töpferei erinnert.

Der Wegweiser im Ort schickt uns scharf nach rechts auf eine Dorfgasse hinab. Sie nähert sich den Steilhängen des Montaña de Guía. Am letzten Haus endet die schmale Straße. Unserer Route hält sich für den Rückweg entlang der Trasse der Wasserleitung Richtung Las Boticarias. Der etwas schottrige Pfad verläuft entlang einer Felsterrasse und mündet vor den Häusern des Ortes in die Dorfstraße. Wir folgen ihr weiter geradeaus, bis wir in einer weiten Rechtskurve ein Denkmal und ein Wegschild erreichen. Ab hier wandern wir auf bekanntem Weg an den Universitätsgebäuden vorbei und zurück zum Ausgangspunkt in Guía.

Autoren Tipp

Der Ortskern von Santa María de Guía steht seit 1982 unter Denkmalschutz. Unter den Bauwerken sticht besonders die Pfarrkirche im neoklassischen Stil hervor. Ihr Inneres ist mit bedeutenden Kunstwerken geschmückt, darunter Altäre und Statuen des großen grankanarischen Bildhauers Luján Pérez, der auch in diesem Dorf geboren wurde.

Punta del Camello
Punta del Ataque
Punta de las Coloradas
Las Quintanillas
Las Salinas
6°
102
Palmitos
Bañaderos
Cruz de Pineda
La Palmita
Lomo Quintanilla
Trapiche

Arucas

GC-331
GC-330
GC-300
Ermita de San Pedro
Cambalud
El Cerrillo
Los Dolores
La Goleta
259
Casablanca
GC-232
El Cortijo
Presa Palmitos
Presa de Pinto
Rosales Bajo
Los Menores
Los Rosales
GC-20
Montaña Jordán
452
Virgen del Pino
Casa Herrera
Santa Flora
Itara
291
El Cortijo
GC-351
Buenlugar
La Palmilla
GC-300
Padilla
La Caldera
El Risco
517
Los Barranquillos
Caserle Portales
La Cruz
Santa Flora
Los Castillos
La Pedrera
633
Picacho

3
El Pagador
El Altillo
La Costa
El Roque
Punta Moya
La Barca
San Andrés
El Cabezo
Hoya del Espino
Presa de los Dolores
Presa de Casablanca
GC-2
GC-751
GC-291
187
GC-75
San Felipe
Playa San Felipe
La Cordillera
Cabo Verde
193
Lomo Blanco
Presa de Cabo Verde
GC-752
339
Palo
Farallaga
Frontón
366
Los Toscales
El Moreto
GC-753
Carreras
394
433
Montaña del Drago
Trujillo
Embalse de Trujillo
Palmito
GC-754
Dragos
GC-350
Desaguaderos
El Brecito
Lomo Blanco
GC-75
Vínculo de Solís
Mondragones
Casa Plácido
Los Castillejos
Iglesia del Pilar
Moya
Museo Casa Morales
El Cortijo
Firgas
GC-306
Lance
Fuente Santa
Hotel Azuaje
Cruz del Siglo 682
RES. NAT. ESP.
DE AZUAJE
GC-305
El Palmital
El Palmita Alto
GC-75
GC-700
San Fernando
RES. NAT. ESP.
DE LOS TILOS DE MOYA
Los Tiles
Montaña Dorama
La Montaña
643
Doramas
El Zumacal
Osorio
968
Barranco de Guadalupe
Las Huertecillas
Los Lomitos
Las Altabacales
GC-240
Las Cabezadas
El Palmar
Huertas del Palmar

P A R Q U E   R U R A L   D E   D O R A M A S

0   500 m

03

Waldtour

Firgas
Urwald und Kulturterrassen im Barranco de la Virgen

DAUER	3h 15min
LÄNGE	10,4 km
HÖHENMETER	40 hm
SCHWIERIGKEIT	MITTEL
MIT ÖPNV ERREICHBAR	ja

Das erwartet dich ...

Die Rundwanderung ist abwechslungsreich, aber nicht gerade einfach. Sie führt uns über Feldwege, Schotterstraßen und Waldpfade. An zwei Stellen müssen wir unsere Kletterkünste auspacken. Hier sind 3 Meter Leiter und 6 Meter Seil zu bewältigen, glücklicherweise ist es aber dort nicht ausgesetzt. Im Mittelteil gibt es ein paar rutschige Abschnitte, daher sind Trittsicherheit und festes Schuhwerk unabdingbar. Für die Abkühlung zwischendurch Handtuch und Badesachen einpacken!

Start & Ziel & Anreise

Los geht's am Plaza Domingo Ponce Arenciba in Firgas, im Norden der Insel. Von Las Palmas nehmen wir die GC-3 bis Arucas. Hier wechseln wir auf die GC-20 nach Westen. Im Kreisverkehr kurz nach La Caldera über die dritte Ausfahrt bis La Cruz. Von hier aus fahren wir rechts ab auf die GC-30 nach Firgas. Parkmöglichkeiten gibt es am Ortseingang. Von Las Palmas geht's mit dem Bus Nr. 205 nach Arucas. Von hier aus fährt der Bus Nr. 211 nach Fircas.

Tourenbeschreibung

Urwaldähnliche Vegetation, ein romantischer Bachlauf und schroffe Felswände – das sind wahre naturkundliche Leckerbissen von Gran Canaria. All das finden wir im Barranco de la Virgen. Er liegt in der Gemeinde Valleseco und verläuft vom Landesinneren bis ans Meer. Dabei verbreitert er sich immer weiter und gräbt sich seinen Weg tief in die Schlucht. Etwas weiter hinten erschließt eine Straße den Barranco; sie führt zur Mineralwasserfabrik von Firgas. Sein mittleres Stück erreichen wir nur über einen Wanderweg. Er startet von Firgas oder von der Straßenbrücke der GC-350. Ein Wirtschaftsweg durchquert einen Unterlauf. Über ihn können die Bauern Felder und Plantagen mit ihrem schweren landwirtschaftlichen Maschinen erreichen.

Wir beginnen die Wanderung in Firgas, am Parkplatz am Plaza Domingo Ponce Arenciba. Von Dort steigen wir zunächst in den Barranco hinab. Bereits auf dem ersten Wegstück erhalten wir einen weitläufigen Einblick in das tief unter uns liegende Tal. Die schmale Fahrstraße führt uns nach Süden. Nach über eine Stunde erreichen wir die Mineralwasserfabrik. Gute eineinhalb Kilometer später gelangen wir an eine Garage. Hier zweigt ein Wanderweg ab und leitet uns zunächst durch Kulturterrassen und dann ein kurzes Stück an einer Straße entlang. Dann schickt uns der Wegweiser „Reserva Natural de Azuleje" nach links. Nur wenig später biegen wir rechts ab und schlendern über einige Serpentinen in den Talgrund hinab.

Wir erreichen schließlich eine 3 Meter hohe Leiter. Sie überbrückt den felsigen Rand des Talgrundes. Um uns herum grünt und blüht es – kein Wunder, wir haben eines der letzten wild gebliebenen Blumenreservate der Insel erreicht. Hier gedeihen noch seltene Pflanzen wie der weiße Salbei. Steile Felsen schützen das Kleinod. Der Wasserüberfluss trägt sein Übriges bei, indem er ein fruchtbares und feuchtes Klima schafft. Wir überqueren den Bachlauf und folgen dem Pfad nach rechts, der sich bald durch dichtes Dißgras windet. Kurz darauf stehen wir an einer weiteren Kletterstelle. Mit Hilfe von ein paar Stricken hangeln wir uns über einen Felsblock gut 5 bis 6 Meter in die Tiefe.

Ein gut erkennbarer Pfad bringt uns nun aus dem Tal hinaus. Dabei queren wir immer wieder den Bach und überwinden kurze Anstiegsstrecken an den Barrancowänden. Die Vegetation wechselt von dichten Dißgrasbeständen zu schattig kühlen Wäldern der Kanarischen Weide. Wir passieren einen Wasserspeicher an der linken Talseite; von hier aus wurde das Wasser in Kanälen zu Ländereien im Unterlauf geleitet. Hier wurde also schon früh Landwirtschaft betrieben. Sogar Wassermühlen wurden auf diese Weise angetrieben. Wir wandern einige Zeit entlang dieses spannenden Pfades. Doch Vorsicht, einige Passagen an Steilstufen und Felsblöcken sind recht rutschig. Schließlich erreichen wir einen schön gelegenen Rastplatz inmitten schattiger Eukalyptusbäume.

Hier empfängt uns ein gepflasterter Weg, der uns zu den Ruinen eines Hotels führt. Kurz darauf folgen wir einem Fahrweg nach links, hinauf zur GC-350. Der Barrancoweg verlässt uns hier nach rechts. Wer hier schon abbrechen möchte, der kann der Fahrstraße nach Lomo Blanco folgen, in diesem Ortsteil von Moya gibt es eine Bushaltestelle. Andernfalls können wir den Barranco auch bis zu seinem Ende durchqueren. Dafür schwenken wir nach rechts und unterqueren nach einem kleinen Parkplatz mit Fahrverbotsschild die steinerne Brücke der GC-350. Wir folgen der kurvigen Schotterstraße über den Talboden durch die Felder und Weiler. Nach einiger Zeit durchqueren wir noch einmal eine längere Passage mit Dißgras, sumpfigem Boden und einer pfadähnlichen Strecke. Zuletzt bringt uns der Fahrweg aus dem Barranco nach San Andres. Er endet unmittelbar an der Schnellstraße GC-2. Neben einer Bar finden wir hier auch eine Bushaltestelle. Der Bus bringt uns zurück nach Firgas.

04

GC-291
San Blas
Gallego
399
Cenobio de Valerón
Cenobio Valerón
GC-2
187
Cabo Verde
La Cordillera
La Costa
GC-75
El Cabezo
Doñana
El Gallego
Presa de Valerón
Presa de las Garzas
San Juan
Presa de Hormiguero
Bco. de Moya
193
Presa de Cabo Verde
Lomo Blanco
Hoya del Espino
GC-70
Las Tres Palmas
Farailaga
GC-752
Presa de los Caiderillos
339
Palo
Casablanca
Lomo los Martinez
405
La Dehesa
Frontón
366
Los Toscales
El Moreto
Bco. de las Garzas
GC-753
El Calabozo
Carreras
Montaña del Drago
433
GC-351
Lomo las Azucenas
Tres Palmas
Bco. del Brezal
Embalse de Trujillo
394
Buenlugar
Trujillo
GC-754
GC-700
Casas de Aguilar
Palmito
Dragos
Presa de Mondragones
Lomo Blanco
GC-350
Los Menores
Desaguaderos
El Brecito
Paso María de los Santos
Casa Placido
Vincolo de Solis
Mondragones
Moya
El Cortijo
La Palmilla
GC-300
Montaña Alta
Los Castillejos
Museo Casa Morales
618
Iglesia del Pilar
Firgas
RES. NAT. ESP. DE EL BREZAL
Lance
Presa de Firgas
Tres Cruces
654
El Palmital
Fuente Santa
Barranquillo Frio
El Risco
Hotel Azuaje
El Junquillo
El Palmita Alto
Los Barranquillos
Hoya de la Cruz
GC-75
GC-306
Cruz del Siglo
682
Santa Cristina
GC-703
RES. NAT. ESP. DE AZUAJE
San Fernando
GC-305
Los Tiles
RES. NAT. ESP. DE LOS TILOS DE MOYA
Las Huertecillas
882
Montaña Alta
Montaña Dorama
Alta
Barranco de Guadalupe
951
708
643
La Montaña
776
Caserío Peñón
GC-704
Llano Alegre
Doramas
El Zumacal
Osorio
968
PARQUE RURAL DE DORAMAS
Barranco del Pinar
873
GC-30
Lomo del Peñón
714
Barranco del Laurel
Cuevas de Acero
701
La Jarada
Zumacal
El Tablero
GC-307
772
La Laguna
Morón
GC-70
908
Caserón
913
Monagas
Loma del Tablero
Hoyas del Cavadero
GC-75
Teror
902
Troyanas
Carpinteras
0
500 m
GC-70
GC-21
Barranquillo
Fontanales
Barranco
Montaña Lentisco
GC-305
Mirador Balcón
GC-702

Waldtour 04

Los Tilos
Waldlehrpfad durch ein kleines Urwaldreservat im Norden

DAUER	1h 45min
LÄNGE	6,6 km
HÖHENMETER	237 hm
SCHWIERIGKEIT	LEICHT
MIT ÖPNV ERREICHBAR	ja

Das erwartet dich ...

Die Rundwanderung ist recht kurz und dementsprechend einfach. Sie führt über einen ausgebauten Waldpfad, der von vielen Rastplätzen, Aussichtspunkten und auch einigen Hinweistafeln gesäumt ist. Das Besucherzentrum lohnt einen anschließenden Besuch. Es gibt Auskunft über die wichtigsten Aspekte des Naturraums. Im anliegenden Garten können die für den Lorbeerwald typischen Pflanzenarten beobachtet und identifiziert werden. Geöffnet von Montag-Freitag von 8:00-14:00 Uhr.

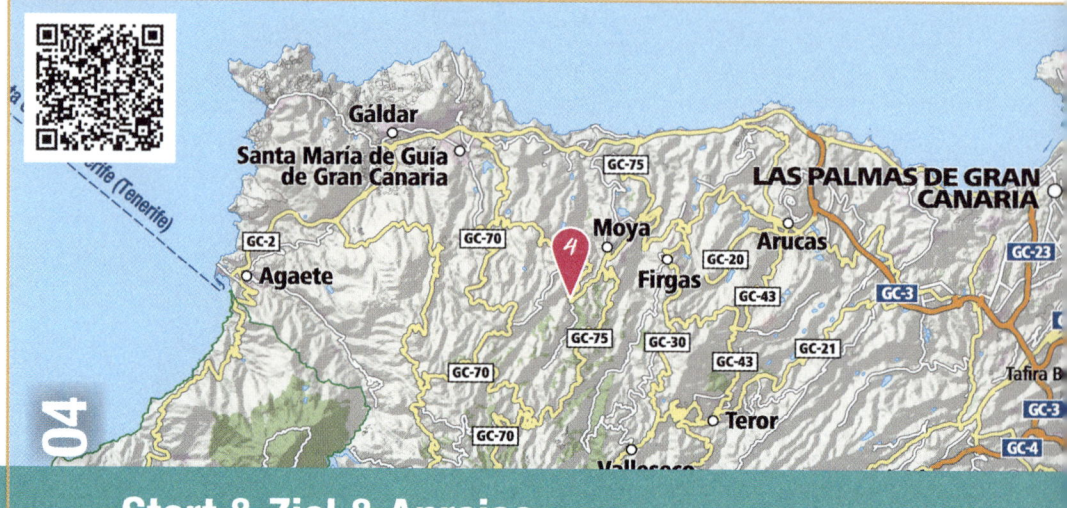

Start & Ziel & Anreise

Ausgangspunkt ist das Besucherzentrum bei Moya. Von Las Palmas erreichen wir den Ort recht schnell mit dem Auto über die GC-3 zur Küste und dann weiter über die GC-75. Parkmöglichkeiten gibt es am Besucherzentrum, ca. 200 m südlich der Abzweigung von der GC-700 Moja–Guía. Von Las Palmas fährt der Bus Nr. 117 nach Moya.

Tourenbeschreibung

Im Norden Gran Canarias gibt es ein kleines Naturschutzgebiet. Es versteckt sich zwischen Moja und Guía im Barranco de los Tilos und lädt zu einer abwechslungsreichen und genussvollen Wanderung ein. „Los Tilos de Moya" ist ein kleines Schutzgebiet, gehört aber zu dem weitaus größeren Naturpark Doramas. Er liegt in der Gemeinde von Moya und bewahrt den letzten Rest des subtropischen Urwalds, der vor gut 500 Jahren die gesamte Insel bedeckt hat.

Der Lorbeerurwald setzt sich aus mehreren immergrünen Baumarten zusammen. Heute erstreckt er sich über eine Länge von 2 Kilometern und bedeckt eine Fläche von 91,5 Hektar. Der klassische Barranco imponiert mit steilen Abhängen bis zu einer Höhe von 800 Metern. Ein kleines Besucherzentrum informiert über diesen besonderen Waldtyp. Schon ein kurzer Spaziergang durch den immergrünen Wald versetzt den Besucher in eine Zeit, als die Welt noch unberührt von Menschen war. Neben der Straßentafel beim kleinen Parkplatz kündigt ein Wegweiser unseren Einstieg an. Mit der „Dirección Moya" verweist das Schild auf den 1,8 km langen Rundweg „camino de la Laurisilva". Eine Informationstafel beschreibt den Verlauf. Wir steigen zunächst über eine Steinrampe auf der rechten Seite des Barranco bergan. Kurz darauf stehen wir an einer Weggabelung: Geradeaus läuft der Camino a San Fernando in Richtung Moya. Wir halten uns jedoch rechts und steigen über ein paar Stufen weiter bergan. Als Höhenweg leitet uns der Pfad durch den Hang. Die Vegetation gleicht hier zu Anfang mehr der Trockenvegetation eines Barranco. Allmählich säumen immer mehr Urwaldbäume den Pfad und umhüllen ihn wie einen Tunnel. Wir erreichen einen verwachsenen Platz mit Steinmauern und Bänken, auf dem sich eine romantische Pause anbietet.

Danach passieren wir eine alte Wasserfassung. Nach ungefähr der Hälfte des Rundweges schwenken wir nach rechts. Kurz darauf queren wir die GC-704. Ein mit Holzgeländer versehener Pfad leitet uns nun parallel zur Straße. Einige der wichtigsten Baumarten sind hier mit Namen gekennzeichnet. Unserer Route führt uns durch den Urwald hinab. Wir queren ein Felsband und erreichen kurz danach einen Rastplatz mit einer Höhle. 200 m später endet der Naturlehrpfad am Vorplatz zum Besucherzentrum. Auf einer Runde durch den Garten finden wir viele weitere Pflanzen, die mit Namensschildern versehen sind. Neben dem Naturschutzgebiet lohnt sich ein Besuch im nahe gelegenen Örtchen Moya. Es wurde unmittelbar am Abbruch des Barranco de Moya errichtet. Auf Grund seiner immergrünen Umgebung wird es auch gerne „Villa verde" genannt. Vom Kirchplatz haben wir einen herrlichen Blick in die Schlucht und hinüber Richtung Guía. In ihrem Inneren befindet sich die Statue der „Lichterbringenden" aus Candelaria auf Teneriffa. Gegenüber dem Gotteshaus kann man das Museum des Dichters Tomás Morales besuchen.

Autoren Tipp

Moya ist für seine süßen Backwaren, die Bizcochos de Moya bekannt. Man kann diese typische Leckerei in Supermärkten oder in dem Laden erwerben, der sich an der südöstlichen Ortsausfahrt direkt an der GC-700 befindet. Der Bizcocho ist ein üppiger, knuspriger Biscuitkuchen aus Mandeln, Zucker und Honig.

LAS PALMAS
de Gran Canaria

PAISAJE PROTEGIDO DE LA ISLETA

Punta Morro Barranco de la Vieja

La Hondura

Los Albarderos

Punta del Roque

Punta de los Acantilados

Montaña del Faro

Faro de las Isleta

Las Salinas

153

248

Las Llanas

Roque Negro

Morro del Pulpo

Montaña las Coloradas

239

133

Pecio/Wrack
Angela Pando

Punta de las Salinas

El Nido

El Culatón

Las Coloradas

161

Altos del Confital

117   127

Montaña del Vigía

203

Punta del Confital

Playa del Cebadal

La Ombliguera

Playa del Confital

Astilleros

Punta Gorda

LA ISLETA

Puerto
Franco

Juan Pérez

Princesa

Marisquería
Julio

Puntilla Grill

Castillo
de la Luz

Roque Tortuga

El Cisne

Punta del Arrecife

Mesón Cabrias

Acuario
Poema del Mar

Playa de las Canteras

Dique Reina Sofia

La Barra

Plaza

Museo Elder de la
Ciencia y la Tecnología

Playa Chica

Parque de
Santa Catalina

Bahía del Confital

Centro de Arte
La Regenta

Puerto de
la Luz

Base Naval

Punta
Baja Núñez

Club Náutico

GC-1

Playa de
las Alcaravaneras

Auditorio
Alfredo Kraus

Estadio Insular

Muelle
Deportivo

El Rincón   98

Pecios/Wracks

Playgolf escuela de golf

Hotel
Santa Catalina

Piscina
Municipal

La Casita

Museo Nestor

Leon y Castillo

Parque Doramas

Estadio P.
Goncálvez

El Cardón

GC-23

Las Torres Altas

Tenderete

GC-1

El Caletón

126   GC-340

Canodromo

Pancho Daimán

Playa de San Augustin

Las Majadillas

Feria del Atlántico

Kiosko San Telmo

Perojo

Parque

TRIANA

Urbanización
Las Torres

Parque
de las
Rehoyas

Parque de San Telmo

San Telmo

La Paz

Cabildo Insular

Amalur

Museo Pérez Galdós

Cementerio de
San Lázaro

Cuevas Torres

Castillo de
San Francisco

San Francisco

Busbahnhof

Tamaraceite

Catedral Santa Ana

Casa de Colón

Museo Canario

Café del Real

Muelle de León y Castillo

0   500 m

Paddeltour 05

Las Canteras
Paddelspaß am urbanen Strand

DAUER	2h
LÄNGE	2,5 km
HÖHENMETER	0
SCHWIERIGKEIT	LEICHT
MIT ÖPNV ERREICHBAR	ja

Das erwartet dich ...

Der Playa de las Canteras hat viele Gesichter. Er liegt im Nordosten der Insel, mitten in der Hauptstadt Las Palmas. Mit seinen vielen Zerstreuungsmöglichkeiten ist er einer der besten urbanen Strände der Insel. Das liegt nicht nur an der schönen Natur, sondern auch an der Qualität der angebotenen Serviceleistungen und der schönen Strandpromenade. Eine tolle Abwechslung ist hier sicherlich das SUPen. Der lange Strand eignet sich bei ruhigem Meer hervorragend dafür.

Start & Ziel & Anreise

Heute sind wir zu Besuch in Las Palmas de Gran Canaria, genauer gesagt am Strand von Las Canteras. Las Palmas ist bestens mit allen Teilen der Insel mit diversen Buslinien verbunden, so können wir die Hauptstadt gut mal für einen Tagestrip anfahren. Mit dem öffentlichen Nahverkehr erreichen wir den Playa de las Canteras mit der Linie Nr. 17. Parkmöglichkeiten gibt es auf der anderen Seite beim Hafen. Die Anfahrt mit dem Bus ist jedoch wesentlich entspannter!

Tourenbeschreibung

Las Palmas ist wahrlich eine pulsierende Stadt. Bunt, schrill, und besonders in der Hochsaison scheint sie niemals zu schlafen. Mitten in diesem Getümmel liegt eine wahre Oase der Ruhe – der Stadtstrand Playa de Las Canteras. Obwohl es natürlich im Sommer am schönsten ist, sich in welcher Weise auch immer im Meer aufzuhalten, können wir uns auf Grund des angenehmen Klimas das ganze Jahr über am Playa de Las Canteras vergnügen. Auch das Meer selbst ist hier meisten ganz sanft. Das liegt wohl nicht zuletzt an seinem emblematisch vorgelagerten Damm, der hervorragend als Wellenbrecher fungiert.

Den Sandstrand von Las Canteras sieht man schon von weitem golden leuchten. Er ist über zwei Kilometer lang, wunderbar geeignet also für eine ausgiebige SUP Tour. Dafür schieben wir unser Brett bei einem der beiden Plätze am nördlichen Ende des Strandes ins Wasser – also am Plaza del Poeta Saulo Torón oder am

Plaza de María Mérida Folclórica. Natürlich kann man die Tour auch immer um-gekehrt machen, je nach Belieben. So packen wir also unsere sieben Sachen vorn aufs Brett und paddeln los. Ein bisschen paddeln wir erstmal raus, am Puntila ent-lang. Aber so weit muss es gar nicht sein, denn das Schöne an dieser Tour ist, dass wir während des Paddelausfluges das bunte Treiben am Strand und der Prome-nade beobachten können. Je näher wir also am Strand bleiben, desto spannender kann's manchmal sein. Dann geht's parallel am Strand entlang, am schmalen, vorgelagerten Inselchen La Barra vorbei. Wir sind bis fast zum Ende des Strandes gepaddelt, aber die Länge kann jeder nach Lust und Laune selbst festlegen.

Am südwestlichen Ende des Strandes, bei der Anlage mit den vielen kleinen Parks, haben wir dann wieder weichen Sand unter den Füßen. Wer nicht zurückpaddeln mag, der kann einen gemütlichen Strandspaziergang mit dem Brett unterm Arm unternehmen. Oder sich eine der vielen Bars aussuchen und sich erstmal nach dem Paddelausflug für den Rückweg stärken. Was ganz praktisch ist: Ab der Mitte bis in den nördlichen Strandabschnitt gibt es immer wieder öffentliche Duschen.

Las Palmas
Auf Sightseeingtour durch die Hauptstadt Gran Canarias

DAUER	4h
LÄNGE	14 km
HÖHENMETER	90 hm
SCHWIERIGKEIT	LEICHT
MIT ÖPNV ERREICHBAR	ja

Das erwartet dich ...

Heute lernen wir auf einem leichten Stadtspaziergang die Inselhauptstadt kennen. Über breite Straßen und romantische enge Gässchen erkunden wir die vielen Parks und Plätze der Stadt. Vereinzelt leiten uns Straßenschilder und Wegweiser zu den Sehenswürdigkeiten. Spannend wird's dabei nicht nur in der Altstadt „Vegueta" oder im Bezirk „Triana". Auch die fast 3 km lange „Playa de las Canteras" hat Einiges zu bieten.

Start & Ziel & Anreise

Ausgangspunkt ist heute die Busstation am Parque San Telmo, Knotenpunkt aller Buslinien der Insel im Untergeschoss der Stadtautobahn. Las Palmas selbst ist gut über den internationalen Flughafen zu erreichen und schickt in alle Himmelsrichtungen Schnellstraßen aus. Innerhalb der Stadt verkehren die gelben Stadtbusse, Parkplätze in Tiefgaragen entlang der Stadtautobahn.

Tourenbeschreibung

400.000 Einwohner zählt die Inselhauptstadt Las Palmas und ist somit zugleich die größte Stadt der Kanarischen Inseln. Einst wichtige Hafenstadt für Handelswaren ist sie heute besonders bei Touristen beliebt, die von den zahlreichen Sehenswürdigkeiten und dem entspannten Flair angelockt werden. Beim Parque San Telmo decken wir uns am Tourismusbüro noch mit Infos und einem Stadtplan ein, bevor wir unsere Entdeckungsreise beginnen.

Am Südende des Platzes gehen wir in die geschäftige Fußgängerzone, die Avenida Rafael Cabrera. Am südlichen Ende überqueren wir den Zubringer zur Stadtautobahn, wenig später stehen wir im Altstadtviertel „Vegueta". Über Calle Armas gelangen wir zur Ermita San Antonio Abad. Die Calle Colón bringt uns schließlich zum Hauptplatz. An seiner Ostseite befindet sich die Cathedrale de Santa Ana, die noch ein wenig erahnen lässt, wie die Stadt einst in Form eines Militärlagers angelegt wurde. Vom Südturm der Kathedrale hat man einen schönen Blick auf die Altstadt. Viele Gegenstände des Gotteshauses sind im angeschlossenen Museum für Sakrale Kunst in der Calle Espíritu Santu 20 aufbewahrt. Ein Blickfang am Hauptplatz ist sicherlich auch das Alte Rathaus aus dem 19. Jahrhundert, die Casa Consistorial. Daneben liegt der gut erhaltene Gerichtshof. Es ist eines der wenigen Renaissancehäuser der Stadt. Noch heute ist hier der Oberste Gerichtshof der Autonomen Region Canarias untergebracht.

Hinter der Kathedrale finden wir das Casa de Colón, einen prachtvollen Kolonialbau, der das Kolumbus-Museum beherbergt. Hier erfahren wir interessante Details über die Beziehungen zwischen Gran Canaria und der Neuen Welt. Die Plaza Espíritu Santu an der Südseite des Rathauses hat ihren Namen nach der Kapelle erhalten, die dort steht. Rundherum befinden sich Gebäude verschiedener Stilrichtungen wie der Renaissance, dem Klassizismus und dem Mudéjarstil. Nur wenige Schritte durch die Calle Reloj und Doctor Chil, dann stehen wir am Museo Canario. Es bietet die umfangreichste Sammlung aus der spanischen Epoche. Über die Calle de Santa Ana und die Calle Obispo Codina gelangen wir zur Plaza de las Ranas mit dem Froschbrunnen und dem Kulturzentrum Biblioteca Insular.

Im Norden schließt das Viertel „Triana" an. Es glänzt mit Bauten aus der Zeit um 1900. Die Häuser zeigen typische spanische Architekturelemente dieser Zeit, unter anderem auch Jugendstilfassaden. Über die Calle Muro erreichen wir die Plaza Cairasco und einen Jugendstilbau, in dem das Literaturhaus Gabinete Literario untergebracht ist. Danach laufen wir über die Plaza Alameda de Colón mit einer Büste von Kolumbus. Zurück am Park de San Telmo beginnen wir mit der Erkundung des Nordteiles der Stadt. Zunächst erwartet uns eine Kaserne. Von hier aus führte General Franco 1936 seinen Staatsstreich gegen die Republik aus. Die Calle Mayor de Tirana zieht sich nach Norden, die Calle León y Castillo stellt die Verbindung zum Parque Doramas, einer der größten Grünanlagen der Stadt. Von hier aus können wir einen kurzen und steilen Abstecher auf einen Hügel zum Aussichtspunkt Altavista machen.

Nach Norden geht's durch die durch die Calle Pio XII. und dann allmählich nach rechts zur Avenida Marítima. Vorbei am Hafen betreten wir das Viertel Santa Catalina mit dem gleichnamigen, herrlichen Park. An der Nordseite bietet das Museo Elder de la Ciencia y la Tecnología Wissenswertes über Naturwissenschaft und Technik. Über die Avenida am Hafen entlang umrunden wir die Nordwestecke des Hafens Puerto de la Luz bis zum Castillo de la Luz. Der massive Bau entstand 1541 auf den Überresten der Festungsmauern einer zerstörten Burg, die als Verteidigungsanlage gegen Piraten diente. Über die Calle de Juan Rejón erreichen wir den Badestrand von Las Palmas, der Playa de las Canteras. Unsere Tour endet am Südwestende beim Kongress- und Musikzentrum Auditorio Alfredo Kraus.

Guinea

Las Majadillas

Lomo los Frailes

Urbanización
Las Torres

La Paz

Las Casillas

GC-340

Cementerio de
San Lazaro

Cuevas Torres

La Galera
215

Rehoyas

Tamaraceite

Las Mesas

Urb. Casablanca III

Llanos de Marrero

GC-300

Lomo Verdejo

Piedra
La Suerte

GC-21

GC-3

Gueste
Blanca

Lomo Blanco

GC-112

El Toscón

Piletas

Risco Negro

Hoya Andrea

Montaña de
San Lazaro

Secadero

GC-211

Embalse de Arucas

GC-308
326

Almatriche

Universidad laboral
de Las Palmas

GC-31

San Gregorio
434   443
San Gregorio

El Drago

La Matula

406

400

GC-112

Zurbarán

Mascuervo

Barriales
Las Rosas

San Lorenzo

El Dragonal Bajo

Pico Viento

179

291   368

GC-308

Campus
Universitario
325

GC-3

El Calvario

Tafira Baja

GC-381

Embalse
del Pinto

GC-310

GC-311

Cuevas del Monte

Dragonal

Montaña
del Socorro
386

Los Altos

Siete Puertas

1

GC-113

GC-309

Mainez

Caserío de la Galga

Urb. Monte Luz

PAISAJE PROTEGIDO

Jardin Botánico
Viera y Clavijo
461

El Fondillo
321

Siete Puertas

La Milagrosa
608

La Calzada

La Palma

San Francisco
de Paula

La Montañeta

571

Embalse de Sintes

Tafira Alta

GC-110

GC-4

GC-3

La Angostura
524

Monte Coello

448

Lomo de Enmedio
Hospital
Psiquiatrico

Satautey

Tafira

GC-320

GC-321

Satautejo

GC-4

Monte Lentiscal

PAISAJE PROTEGIDO

Lomo el Sabinal

GC-800

Las Grutas
de Artiles

El Reventón

Los Hoyos

GC-15

San José
de las Vegas

DE TAFIRA

MON. NAT. El Roque

Pico de Bandama
577

Mirador de Bandama

GC-801

Monte Quemado

Santa Brígida

Chino El Parque

Urb. los Molines

El Vinco

393
494

El Roque

DE BANDAMA

Caldera de Bandama

Piedra

345

Günther

Hotel Escuela
Santa Brígida

GC-80

Urb. San José

582

GC-802

Hotel
Golf
Bandama

221   389

392

Las Patricinias

Montaña Pelada
288 337

Vega de Enmedio

707   Atalaya

La Atalaya

Montaña de
Che María Miranda

Forpolita

721

El Estanco

571

Presa de
Cuevas Blancas

Las Goteras

Piedra

Hoya de la Caldereta

0   500m

Forpolita

La Sima

El Gamonal Alto

Divisoria del Bermejal

La Umbría

Bco. de la Cruz

Hoya de Niebla

Sightseeingtour 07

Viera y Clavijo
Rundgang durch den berühmten Botanischen Garten von Gran Canaria

DAUER	2h
LÄNGE	3 km
HÖHENMETER	50 hm
SCHWIERIGKEIT	LEICHT
MIT ÖPNV ERREICHBAR	ja

Das erwartet dich ...

Der Ausflug führt uns über einen einfachen Rundspaziergang über Parkwege, die größtenteils flach sind und durch schattige Waldhaine verlaufen. Der Aufstieg zum oberen Eingang verläuft über gepflasterte Stufenwege, die etwas steil sind. Nahe dem oberen Eingang empfängt uns das Restaurant Jardín Canario. Es ist bekannt für seinen guten Gofio, Brunnenkresseeintopf und den Rotwein Vino del Monte.

Start & Ziel & Anreise

Unser Ausgangspunkt ist die Carretera General del Centro. Mit dem Auto erreichen wir den Botanischen Garten von Süden her über die GC-3. Bei La Montaneta geht's auf die GC-4 in Richtung Tarifa Alta und weiter über die GC-110. Vom Busbahnhof San Telmo in Las Palmas fahren die Busse Nr. 302, 303 und 311 zum Jardin Botanico Canario.

Tourenbeschreibung

Ein botanisches Paradies – anders kann man den Botanischen Garten „Viera y Clavijo" nicht beschreiben. Der Garten wurde in Tafira Alta in einem Barranco-Tal angelegt und besteht aus einem flachen Abschnitt am Talboden und einem steilen Barrancohang mit gut 50 Metern Höhenunterschied. 1952 legte der schwedische Botaniker Erik Rangar Svensson in dem Barranco de Guiniguada dieses grüne Kleinod an. Im Garten gibt es eine seltene und vom Aussterben bedrohte Flora des Archipels zu bestaunen. Unter den Arten befinden sich viele Endemiten, also Pflanzen, die nur auf den Kanaren heimisch sind. Besonders eindrücklich sind die Drachenbäume und eine Vielzahl an Natternkopf Arten, die auffälligsten Pflanzen der Kanaren. Der Rundgang auf dem Übersichtsplan nimmt etwa 2 Stunden in Anspruch. Je nach Interesse kann der Ausflug jedoch beliebig in die Länge gezogen werden. Im Frühjahr ist die Blütenpracht ganz besonders groß.

Der Weg führt am unteren Eingang über einen schattigen Platz mit Baumfarnen. Eine Hinweistafel informiert über die 41 Sehenswürdigkeiten, die wir über die gepflasterten Parkwege erreichen können. Wenn wir geradeaus in den Garten hineingehen, queren wir gleich auf einer historischen Steinbrücke den Bachlauf des Barranco. Am Centro de Expositiones erfahren wir in Dauer- und Wechselausstellungen Wissenswertes zu verschiedenen Pflanzen und botanischen Themen. Darüber hinaus erhalten wir hier Folder zum Park und allgemeine botanische Literatur.

Wir wenden uns nach links über einen schmalen Plattenweg zur Teichlandschaft, dahinter beginnt der Aufstieg, der durch die Barrancohänge. Die teils steilen Treppen, „el Arco del Viento" genannt, bringen uns zur Vulkanhöhle hinauf. Sie trägt die Nummer 33 und befindet sich knapp unterhalb des oberen Eingangs. Hier können wir auch beim Jardín Canario, neben dem Verwaltungs- und Forschungszentrum, eine schöne Rast einlegen. Zu allen 41 Sehenswürdigkeiten führen Wegweiser, die an jeder Weggabelung aufgestellt sind. An der Aussichtsplattform Viera y Clavijo präsentiert sich ein herrlicher Blick über den gesamten Garten sowie über den Barranco. Knapp darunter finden wir den Sventenius-Wasserfall. Das ist ein ganz besonders lauschiger Platz im Garten. Ein langer Querweg führt sanft den Hang hinab in den südlichen Abschnitt, der dem Kiefernwald, dem Ornamentgarten und dem See mit den Koi-Karpfen gewidmet ist. Auch hier gibt es einen kleinen Wasserfall. Eine Holzbrücke bringt uns über den Bachgraben in den westlichen Teil des Gartens. Hier können wir die Flora in den Glashäusern bestaunen. Direkt daneben befinden sich die Sukkulenten-Gärten und der Insel-Garten. Im ältesten Parkteil gibt es Kakteen und einen Palmengarten. An Drachenbäumen und Beeten geht's zurück zum Haupteingang.

Autoren Tipp

Der Eintritt in den Botanischen Garten ist frei. Ein Übersichtsplan befindet sich auf Schautafeln bei den Eingängen. Das Centro de Expostitines hält weitere interessante Informationen bereit. Geöffnet ist der Park unter der Woche von 7:30-18:00 Uhr. Samstag und Sonntag können wir ihn von 10:00-18:00 Uhr besuchen.

08

Naturtour

Die Tamadaba-Runde
Eindrucksvolle Natur im Westen der Insel

DAUER	6h 30min
LÄNGE	20,5 km
HÖHENMETER	1100 hm
SCHWIERIGKEIT	SCHWER
MIT ÖPNV ERREICHBAR	ja

Das erwartet dich ...

Die Rundwanderung ist sehr lang und äußerst anspruchsvoll. Sie führt uns über Waldwege und Fels- und Saumpfade. Ein wenig entspannter auch über Schotterpisten und asphaltierte Wege. Der Abstieg ins Agaete-Tal ist schwer und verlangt ein hohes Maß an Trittsicherheit, da er teils weglos durch steile Lavaschuttrinnen führt. Dort sind immer wieder Seilsicherungen angebracht.

Start & Ziel & Anreise

Campingareal am Tamadaba. Um zum Ausgangspunkt zu gelangen, benötigen wir einen eigenen PKW. Dafür fahren wir von Westen über die GC-21 bis Artenara. Hier wechseln wir auf die GC-210. Nach ca. 3,5 km fahren wir an der Linksserpentine geradeaus auf die GC-216 und über ein Seitensträßchen bis zum Campingplatz. Bei einer Anreise mit dem Bus müssen wir die Tour in San Pedro beginnen. Von Las Palmas fährt der Bus der Linie 102 hierher.

Tourenbeschreibung

Auf der heutigen Wanderung lernen wir das vielfältige Landschaftsbild des Tamadaba-Naturparks kennen. Es schließt auch das Agaete-Tal ein, eines der schönsten Täler auf der Nordseite der Insel. Die sehenswerten Höhlensiedlungen El Hornillo und Cuevas de Bibique sowie einigen Kulturdenkmälern runden die Tour ab. Das alles macht sie zu einer der vielfältigsten Wanderungen auf Gran Canaria. Unterwegs treffen wir auf alle Vegetationsstufen, mit Ausnahme der Küstenlebensräume. Auch die typische Kulturlandschaft der engen Barrancotäler kommt in dieser Tour vor.

Eine sieben Kilometer lange Ringstraße umrundet den Tamadaba. Am Campingplatz wandern wir los und folgen einem Schild auf den Camino de San Pedro. Über eine gesperrte Forstpiste verlassen wir das Campingareal. Es geht durch Kiefernwald hinab. An den ersten lichten Stellen biegen wir an einem Wegschild nach links auf einen Saumpfad ab. Richtung San Pedro wandern wir gerade hinab. An der Staufassung von Las Presas wird der Weg von Steinmauern gesäumt. Wir ignorieren weiterhin alle Abzweigungen und folgen dem sanft abfallenden Weg auf den Rücken der Montaña de Las Presas zu. Mit dem Wegweiser Nr. 7 umrunden wir den Berg. Unser breiter Waldpfad wird von einem Wasserkanal begleitet. Wir nähern uns der steiler werdenden Westseite des Tamadaba. Nach wenigen Minuten Quergang erreichen wir den Aussichtspunkt Mirador de la Vuelta de Paloma.

Nachdem wir die eindrucksvollen Tiefblicke auf den wilden und unbesiedelten Teil der Westküste unterhalb des Tamadaba und das Agaete-Tal genossen haben, setzen wir unseren Weg fort. An mehreren Hinweistafeln können wir uns über die artenreiche Flora und Fauna des Naturparks informieren. Nachdem wir den Kiefernwald verlassen haben, wird die Szenerie dramatisch. Wir stehen unmittelbar vor den Steilabbrüchen der Montaña de Las Presas, durch die sich der kunstvoll angelegte Weg nun hinab schlängelt. Bei einem Blick zurück zeigt sich noch einmal die schroffe Landschaft. Eineinhalb Stunden später gelangen wir an einen Kultplatz der Altkanarier. Er liegt am Roque Bermeio und stellt sich in Form eines runden Plateaus mit zehn Metern Durchmesser dar. In früheren Zeiten wurde hier das Getreide gedroschen. Die Landschaft wirkt nun karg, nachdem wir die grünen Hänge verlassen haben. Ein Lavaaschestrom lässt die Umgebung in allen möglichen Braun- und Ockertönen schimmern.

Oberhalb des Dreschplatzes teilen sich die Wege. Wir entscheiden uns für den rechten gepflasterten Saumpfad. Er führt durch den Steilabbruch nach San Pedro hinab und bringt uns wenig später an der Felswand vorbei, in der sich die zahlreichen Höhlen Cuevas de Bibique der Ureinwohner befinden. Weiter unten erreichen wir einen schluchtartigen Hangeinschnitt, der fast senkrecht vom Tamadaba herabfällt. An einer kleinen Quellfassung können wir uns erfrischen. Die nächste Schlucht ist dicht verwachsen. Nach dem Hauptabstieg schwenkt der Weg in die grünen Hangterrassen oberhalb von San Pedro.

Im Ort schlendern wir durch die Gassen zum Fußballplatz. Links zur Hauptstraße hinunter erreichen wir eine kleine Bar. Dort leitet uns ein promenadenartiger Treppenweg durch den Talgrund. Er schlängelt sich mit Wegweisern markiert an schönen Fincas und Häusern vorbei. Dann steigt er zur Talstraße GC-231 auf. Wir folgen ihr nach rechts, und nach 800 Metern zweigt in einer Linkskurve der Straße der alte Saumpfad in Richtung Los Berrazales und El Sao ab. Steil steigen die Serpentinen durch den bewaldeten Hang Montaña de las Vueltas gegenüber dem Hotel Princesa Guayarmina. Nach ca. 150 Höhenmetern strebt der Saumpfad auf eine Hangnase zu. Wir erkennen sie gut am Strommast. Hier biegt der Pfad ins Tal ein und läuft hohlwegartig, von einer Steinmauer gesäumt, zuerst leicht abwärts und dann wieder aufwärts zur GC-231. Nach einer Senke endet sie am Wendeplatz unterhalb von El Sao.

Fortsetzung Tour 08

Unsere Route setzt sich nun links fort. Bei einem Wegweiser weist sie uns eine Betonpiste hinauf. Doch schon nach fünf Metern wechseln wir nach rechts auf den alten Verbindungsweg nach El Hornillo. Er windet sich am Südrand von El Sao durch dicht bewachsene Hänge, an Fincas vorbei und in eine kleine Schlucht. Hier steht die Wassermühle Molino de Abajo. Im Anschluss wandern wir öfter auf- und kürzer abwärts. An einem Steinbruch mit einigen Höhlen klettert der Weg in angenehmer Steigung durch Trockenhänge und später Kulturterrassen nach El Hornillo hinauf.

Vor einem direkt am Hang gebauten Weiler am Kulturhaus erwartet uns eine schöne Aussichtsterrasse. Die herrlichen Blicke zurück ins Tal von Agaete lassen uns ein wenig verweilen. Hier endet auch die schmale Fahrstraße mit einer Umkehrschleife und einem kleinen Parkplatz. Den Rest des Dorfes erreichen wir nur zu Fuß über Saumpfade und Treppenwege. Um unsere Runde fortzusetzen, nehmen wir die asphaltierte Fahrstraße. Sie führt uns in südwestliche Richtung über dem tief eingesenkten Tal. Nach mehreren Aussichtspunkten gelangen wir nach knapp einem Kilometer zu einer Kreuzung. Hier treffen wir auf die Fahrstraße von Artenara nach Agaete. Wir wandern rechts eine Straße hinab und wenig später zum Stausee Presa de los Pérez hinauf. Dort treffen wir auf ein großes gelbes Haus.

Für den Rückweg zum Campingplatz am Tamadaba weist uns ein Wegweiser rechts in die Hauseinfahrt. Danach überqueren wir die Staumauer und laufen auf einem Waldpfad weiter. Er schlängelt sich gut trassiert mit Spitzkehren durch den lichten Wald und gibt Blicke auf den Stausee frei. Wir gehen ein Weilchen, dann biegt in einer Serpentine nach links ein Weg in Richtung Lugarejos ab. Wir wandern aber rechts hinauf. Zwanzig Minuten später biegt der Pfad nach links. Er steigt den Hang hinauf und auf die Weggabelung Siete Pinos. Geradeaus geht es noch ca. 100 Wegmeter hinauf zur Ringstraße und später zum Gipfel des Tamadaba. Rechts verläuft der Quergang in sanftem Auf und Nieder durch den Wald. Eine halbe Stunde später erreichen wir wieder den Campingplatz.

La Palmita
Roque de las Nieves
Agaete
Huerto de las Flores
Parque Arquelogicó Maipés de Agaete
GC-200
GC-231
Risco Partido
Playa de las Nieves
Las Rosas
285
Presa de Barranco Hondo
La Rosa
La Suerte
Bco. Hondo
Las Longueras
Casas del Chapín
Bajada del Negro
Playa de Guayedra
Playa de Sotavento
465
La Higuera
Las Cuevecillas
Casa Lolo
Paso lolo
San Pedro
Guayedra
Punta de la Palma
El Roque
Hoya de Segura
Guayedra
Roque Bermeio
Vecindad de Enfrente
264
Montaña Bibique
651
Mirador de la Vuelta de Paloma
Playa Segura
Piedra
La Playita
Los Berrazales
Cuevas de Bibique
609
Los Farallones
Cruz de Dionisio
Montaña de Las Presas
1083
1031
La Laja del Risco
PARQUE
1087
Monataña Faneque
1022
1022
Cruz del Tabaibal
124
Casas de Tamadaba
1222
1216
Risco Faneque
Cueva Gacha
Campamento
1033
Roque Faneque
Campamento de Tamadaba
Siete Pinos
1291
1309
Pico de la Casa
Pinar de Tamadaba
Los Roques
Casa Forestal
Cueva del Zapatero
Montaña de Tamadaba
1443
646
El Risco
El Risco
884
Lugarejos
Presa de Lugarejos
Piedra del Milano
Los Llanitos
Caidero del Palmar
1221
Degollada de la Laja
1023
NATURAL
GC-217
Cruz de las Mentiras
Charco Hondo
El Majorro
988
Los Morillos
GC-216
Pinar de Tamadaba
Coruña
Hoya del Pino
Presa de las Hoyas
Casas de Tirma
Cortijo de la Tirma
Cruz de la Virgen
669
Presa de Tirma
GC-217
Cruz de Acusa
Los Pinos Dulces
1301
Cruz de Maria
El Saucillo
Pico de la Morra
866
Hoya de Ojeda
1272
1298
Las Portuguesas
Solana del
1216
Lomo de la Majorera
1108
Risco Alto
Lomo del Cura
Morto Castrado
0
500 m
Presa de la Candelaria
Ventanieves
Barranco del Silo
DE TAMADABA

Risco Faneque
Auf den höchsten Punkt des Tamadaba Schutzgebietes

DAUER	2h 15min
LÄNGE	5,7 km
HÖHENMETER	280 hm
SCHWIERIGKEIT	MITTEL
MIT ÖPNV ERREICHBAR	nein

Das erwartet dich ...

Die Wanderung ist zwar kurz, jedoch nicht ganz einfach. Sie führt uns ausschließlich über Waldpfade und durch bewaldetes Gelände. Zwischendurch gibt es kleinere Steilstufen zu bewältigen. Der Anstieg erfolgt erst auf dem Rückweg. Wir erreichen den Ausgangsort nur mit dem Auto. Wem dies nicht zur Verfügung steht, der muss von Artenara starten. Allerdings verlängert sich die Wanderung dann um gute 4 Stunden.

Start & Ziel & Anreise

Ausgangspunkt ist das Casa Forestal an der Nordseite von Tamadaba auf 1260 Meter Höhe. Es liegt oberhalb des großen Campinggeländes und hat ein paar schöne Grillplätze mit Brunnen, Bänken und Tischen. Mit dem PKW fahren wir von Westen über die GC-21 bis Artenara. Hier wechseln wir auf die GC-210. Nach ca. 3,5 km fahren wir an der Linksserpentine geradeaus auf die GC-216. Sie bringt uns kurvenreich zum Casa Forestal de Tamadaba.

Tourenbeschreibung

Wir entscheiden uns heute für den Normalweg zu einem Aussichtsfelsen. Von dort können wir einen freien Blick auf den Felsgiganten genießen. Auch dieser Aussichtspunkt befindet sich auf einem Lavastrom-Ausläufer. An seinem Ende wird er breiter und somit einem Tafelberg sehr ähnlich. Die Wände fallen aber auch hier einige hundert Meter in die Tiefe und eröffnen tolle Blicke auf Agaete. Die kleine Runde ist auch bei Einheimischen hoch im Kurs, also steht ein sehr gut ausgebauter Waldpfad zur Verfügung. So laufen wir beim Casa Forestal gut 200 Meter die asphaltierte Ringstraße entlang. An einem Wegweiser sehen wir schon den Waldpfad, der nach rechts abzweigt.

Wir passieren ein verfallenes Steinhaus, auch bekannt als Cueva del Zapatera – Höhle des Ziegenhirten. Es liegt unter einem Felsen und markiert den Beginn unseres Abstieges. Der Weg ist gut trassiert und windet sich in kleinen Serpentinen durch den Föhrenwald. Hin und wieder überwinden wir kleinere Steilstufen. Eine halbe Stunde später erspähen wir den Felszahn. Er schimmert durch Lücken im Baumbewuchs. Hinter einer Engstelle leitet uns der Pfad auf einen Sattel. Hier beginnt der felsige Lavawulst, den wir aber geschickt übersteigen. Wir wandern nun auf dem letzten Abschnitt dieses Ausläufers. Er ist ein wenig mit Ginster- und Zistrosenbüschen verwachsen. Gleich im Anschluss tauchen wir jedoch schon wieder in den Wald ein. Der Pfad windet sich zwischen Stauden und Bäumen hindurch, bis er den Felsbalkon hoch über der Nordseite erreicht. Schlagartig ändert sich die Szenerie dramatisch. Wir stehen an der Kante des kleinen Felsplateaus. Von hier aus scheint der Felszahn zum Greifen nah.

Rundum bricht das Gelände senkrecht ab, zu unserer Rechten sehen wir Agaete. Der Rückweg bringt uns auf bekanntem Weg bis knapp vor der Cueva del Zapatero. An einer Wasserleitung biegen wir links auf einen schmalen Pfad ein, teils parallel zur Leitung. Nach dem Kletterfelsen erreichen wir das Campingareal über einen schmalen Forstweg. Wir gehen einmal quer über den Platz und folgen der Zufahrtsstraße bis zur Kreuzung mit der Ringstraße. Dann biegen wir rechts ab und gelangen so nach guten 400 Metern wieder an die Casa Forestal.

Playa de Guayedra
Bajada del Negro
La Rosa
La Suerte
Llanos de la Casa
Las Longueras
Casas del Chapin
GC-231
Bco. Hondo
Playa de Sotavento
La Higuera
465
Las Cuevecillas
Paso Iolo
Casa Lolo
San Pedro
Guayedra
Punta de la Palma
El Roque
Guayedra
Roque Bermejo
Vecindad de Enfrente
264
Hoya de Segura
Mirador de la Vuelta de Paloma
Montaña Bibique
651
Los Berrazales
Balneario
Princesa Guayarmin
Playa Segura
Piedra
Cuevas de Bibique
609
Baños de Agaete
La Playita
Cruz de Dionisio
Montaña de Las Presas
1083
1031

P A R Q U E

Monataña Faneque
1022
1087
El Sao
Casas de Tamadaba
1222
Risco Faneque
1022
1216
Pinar de Tamadaba
Emb. Tierras de Manuel
1033
Cueva Gacha
Roque Faneque
Camparmento
Pico de la Casa
El Homillo
Los Roques
Campamento de Tamadaba
Siete Pinos
1291
1309
El Risco
Casa Forestal
646
Cueva del Zapatero
Montaña de Tamadaba
1443
Cueva Oscura
El Risco
884
Lugarejos
Los Llanitos
GC-216
1023
Risco Caido
Charco Hondo
Degollada de la Laja
GC-217
Cruz de las Mentiras
El Majorro
988
Los Morillos

N A T U R A L

Hoya del Pino
Coruña
La Umbría
Cruz de la Virgen
669
10
Cruz de Cazadores
Cortijo de la Tirma
GC-217
Las Cuevas
Presa de Tirma
Cruz de Acusa
Los Cañascales
Los Pinos Dulces
1301
GC-210
Pico de la Morra
866
Cruz de Maria
Hoya de Ojeda
1272
1298
Las Portuguesas
1338
Solana del
1216
Lomo de la Majorera
1108
1182
Lomo del
Risco Alto
Cura
Morto Castrado
Presa de la Candelaria
Ventanieves
Hoya de la Desmontadilla
1024
1377
1376
Altavista
Los Lomos
1001
Vega de Acusa
Höhlendorf Acusa Seca
Montaña de Tifarcal
1122
Morro Cardo Cristo
622
Llano Hondón
abladillo

D E   T A M A D A B A

GC-210

0   500m

Der Naturpark Tamadaba
Durch einen einsamen Kiefernurwald

Waldtour **10**

DAUER	3h 15min
LÄNGE	10,3 km
HÖHENMETER	450 hm
SCHWIERIGKEIT	LEICHT
MIT ÖPNV ERREICHBAR	nein

Das erwartet dich ...

Die Wanderung ist von der Strecke her zwar nicht gerade kurz, aber dafür sehr einfach. Sie führt uns durch bewaldetes Terrain und über eine asphaltierte Straße an der GC-216. Zwischendurch spazieren wir auch mal auf Waldpfaden. Am Tambada erwartet uns ein großes Picknickgebiet mit Tischen und Bänken, Grillplätzen und Brunnen. Mit Voranmeldung darf man hier sogar zelten.

Start & Ziel & Anreise

Wir beginnen unsere Wanderung an der Finca Tirma. Sie liegt an der GC-216. Mit dem PKW fahren wir von Westen über die GC-21 bis Artenara. Hier wechseln wir auf die GC-210. Nach ca. 3,5 km fahren wir an der Linksserpentine geradeaus auf die GC-216. Gute 2 km hinter der Dellgolada del Sargento befindet sich der Ausgangspunkt.

Tourenbeschreibung

Gerade für Naturfreunde ist die heutige Wanderung ein Genuss, bewegt sie sich doch mit dem Pinar de Tambada in einem der eindrücklichsten Winkel der Insel. Der Kiefernwald leuchtet über den gesamten Bergrücken und bildet einen der beiden geschlossenen Waldbestände der Insel. Entstanden ist er durch Aufforstung der Kanarischen Kiefer. Im Westen erhebt sich ein Gebirgsstock und bricht fast 1000 Meter zum Meer hin ab. Im Norden wird das verlassene Eckchen durch das wildreiche Tal von Agaete begrenzt. Die schönsten Abschnitte finden sich zwischen Campingareal und dem Sattel Siete Pinos im Norden des Parks. Urwaldähnlich überziehen hier dichte Kiefernwälder den Hang. Auch für Botaniker ist das Waldgebiet sehr interessant. Es gibt einige endemische Arten wie den Pfriemenginster-Hornklee, der überall am Wegesrand und im Waldbereich die auffallenden Halbkugel-Pölster ausbildet. Aufmerksamen Beobachtern zeigt sich auch immer wieder eine Bergminzen Art, der Lotusblättrige Natternkopf, der Schönblütige Natternkopf, mehrere Aeonium-Arten und die ebenfalls endemische Klein-blättrige Teline.

Die Finca Tirma direkt an der GC-216 ist ein sehr guter Ausgangspunkt. Wir wählen den Waldpfad, der 100 Meter nach der Finca mit einer Steinrampe nach links abzweigt. Zunächst wandern wir Richtung Nordwesten, entlang eines Waldrückens. Nach einer viertel Stunde stoßen wir an die Straßenkreuzung Las Lajas. Hier gabelt sich die Ringstraße. Weiter geht's nach links, entgegen der Fahrtrichtung auf der asphaltierten Straße. Ein paar hundert Meter später folgen wir rechter Hand einer Steintreppe. Der Pfad führt uns in die waldreichen Hänge hinauf und über einen Hangrücken. Dann senkt er sich wieder bis zur Straße hinab. An einer Steintreppe mündet er an ihr. Auf der anderen Seite setzt sich die Wanderroute bei einem Wegweiser fort und bringt uns entlang der Westhänge des Gebirgsstocks unterhalb der Fahrstraße. In sanftem Auf und Nieder wandern wir durch den lichten Wald. Dann stehen wir an einer Gabelung mit Wegweiser Richtung Roque Faneque und Llanos del Zapatero.

Wir schwenken nach links und folgen dem Rundweg, der später zur Straße hinaufführt. Dann folgt er ihr bis zum Casa Forestal. Gegenüber beginnt wieder eine Aufstiegspassage mit einer Steintreppe. Sie überquert einen Hangrücken Richtung Süden. Danach senkt sich der Weg wieder. Gegenüber dem Aussichtspunkt mündet er dann mit einer weiteren Steintreppe in die Ringstraße. Hier laufen wir nochmal gut 200 Meter, dann erreichen wir die Straßenkreuzung bei Las Lajas. Wir schwenken nach rechts auf den Weg, den wir bereits vom Herweg kennen. Eine viertel Stunde später stehen wir wieder an der Finca Tirma.

Autoren Tipp

Für einen Abstecher zum Campingareal folgen wir beim Casa Forestal der Ringstraße. Nach zweihundert Metern beginnt linker Hand die Zufahrt. Das Campieren im Bereich der Campingzone am Tamadaba ist kostenlos. Eine Genehmigung gibt es beim Amt der Inselregierung Cabildo de Gran Canaria/OIAC. Calle Bravo Murillo 23, Las Palmas, Tel. (+34) 928 21 92 29, oiac@grancanaria.com. Sie muss jedoch spätestens drei Tage vor Aufenthalt beantragt werden und gilt dann für maximal sieben Tage.

Montaña de Las Presas
1083
1031
1087
Casas-de-Tamadaba
1222
1216
Pico de la Casa
1291
1309
Siete Pinos
Campamento
Campamento de
Tamadaba
Casa Forestal
Montaña de Tamadaba
1443
1221
Degollada
de la Laja
Los Morillos
Cortijo de
la Tirma
Los Piños Dulces
GC-216
GC-217
Cruz de Acusa
Cruz de Maria
1301
Las Portuguesas
1272
1298
1216
Lomo de la Majorera
1108
Presa de la Candelaria
Ventanieves
1024
1001
Vega de Acusa
GC-210
Höhlendorf
Acusa Seca
Llano Hondón
622
Acusa Verde
Candelaria
685
Lomo
Lentisco
484
Los Reyes
Los Reyes
El Chorrillo
688
GC-606

Cuevas de
Bibique
Balneario
609
Baños de Agaete
GC-231
GC-710
1136
Montaña Buenaventura
1193
1197
Gorda
1082
El Sao
Fagajesto
1222
GC-221
Mesas
GC-220
Cuevas de Bohodén
El-Tablero
1204
GC-702
La Solana
Los Galeotes
Museo
Barranco Hondo
Vegas de Bohodén
1023
Risco Caido
Barranco Hondo
de Abajo
1241
GC-223
GC-220
Cruz de las Mentiras
La Umbría
1266
Coruña
1255
Cruz de Valerón
El Tablado
Cruz de Cazadores
GC-224
Pista de Motocross
Los Cañascales
Las Cuevas
Las Arbejas
GC-275
GC-210
1338
11
GC-21
Caserío Chajunso
La Cilla
Ermita la Cuevita
Artenara
1461
Morro de los Cuervos
1182
1522
1053
Hoya de la
Desmontadilla
Guardaya de Arriba
El Tabladillo
La Caldereta
1047
La Higuerilla
849
1104
1103
La Higuerilla
Roque
Bentayga
GC-607
1092
1415
Cuevas del Rey
La Solana
El Espinillo
803
0   500 m

Emb. Tierras
de Mañuel
Pinar de Tamadaba
El Homillo
646
Lugarejos
884
Presa de Lugarejos
Cueva Oscura
GC-217
Presa de
las Nieves
Pinar de Tamadaba

11

Waldtour

Zum Tamadaba Wald
Waldwanderung von Artenara auf alten Saumpfaden

DAUER	2h 15min
LÄNGE	7,2 km
HÖHENMETER	225 hm
SCHWIERIGKEIT	LEICHT
MIT ÖPNV ERREICHBAR	nein

Das erwartet dich ...

Die Wanderung führt über gut ausgebaute Wege und Saumpfade. Teilweise sind sie gepflastert und wir müssen so manche Treppen überwinden. Die Route ist gut mit Wegweisern und Infotafeln ausgestattet. Artenara präsentiert sich hübsch herausgeputzt mit Dorfplatz, Bar, Restaurant und Museum. Der Tamadaba Wald begrüßt uns mit seinen herrlichen Kanarischen Kiefern.

Start & Ziel & Anreise

Ausgangspunkt ist der Dorfplatz in Artenara. Wir fahren den Ort am besten aus dem Westen über die GC-21 an. Parkmöglichkeiten gibt es an der GC-21, kurz vor der Zufahrtsstraße nach Artenara. Von Las Palmas Estación San Telma fährt der Bus Nr. 220 an Samstagen, Sonn- und Feiertagen nach Artenara. Wer bis zum Tamadaba Wald möchte, der ist leider auf ein Mietauto angewiesen.

Tourenbeschreibung

Unsere heutige Route ist sehr gut ausgebaut und leitet uns parallel zur GC-216. Im ersten Abschnitt erweist sie sich auch als Zugang zum Plateau von Acusa sowie zum Mirador del Sargento, bei dem der Aufstieg zum Altavista-Gipfel beginnt. Vom Dorfplatz in Artenara laufen wir rechts an der Kirche vorbei zum Kreisverkehr. Hier halten wir uns halb links auf die aufwärtsführende Straße. Sie läuft Richtung Degollada de Roque Garcia. Am Bauhof der Forstverwaltung wechseln wir auf einen Fahrweg zum Hubschrauberplatz. Kurz darauf stehen wir an der Degollada de Roque Garcia.

An der Weggabelung bleiben wir geradeaus und halten uns nach dem Wegweiser S-90. Er führt nach Tamadaba und Agaete. Die angenehme Trasse läuft durch den Wald, überquert die Kuppe Brezos und senkt sich im Anschluss kurvenreich zum Cruz de Acusa hinab. Kurz vor der Straßenkreuzung mündet der Pfad mit einer Steintreppe in die GC-210.

Wir passieren die Kreuzung und über eine Steintreppe erreichen wir einen Wanderweg. Er leitet uns nun südlich der GC-216 entlang. Leicht ansteigend erklimmen wir den bewaldeten Rücken zum Mirador del Sargento. Wir laufen kurz auf der Straße, dann stehen wir am Aussichtspunkt, der uns herrliche Blicke über die bewaldeten Hänge bis zum Plateau von Acusa gewährt.

Nach links zweigt der Aufstiegsweg zum Altavista ab, geradeaus verläuft unsere Route in Richtung Finca Tirma am Beginn des Tamadaba Waldes. Wir steigen kurz an, dann verläuft der Weg fast eben und senkt sich zum Ende zur Finca Tirma hinab. Eine breite Forstpiste läuft von hier aus nach Westen zur Küste hinab. Wir folgen weiter der Fahrstraße. Nach einem sanften Aufstieg zweigt der Wanderpfad mit einer Steinbrücke nach links ab und bringt uns durch den herrlichen Kiefernwald. Beim Cruz de Eulogio tangieren wir nochmals kurz die Fahrstraße. Der Wanderweg führt uns jedoch gleich nach links um eine bewaldete Kuppe. Schließlich wandern wir über eine Forststraße zur Degollada Las Lajas mit der Kreuzung der Ringstraße GC-216. Nach Artenara wandern wir auf dem gleichen Weg zurück.

Map labels

Los Farallones

P A R Q U E

1031

Monataña Faneque
1022

Cruz del Tabaibal

Risco Faneque
1022

1033

Cueva Gacha
Roque Faneque

Camparmento

Casas de Tamadaba

1087

1216

1222

Pico de la Casa

Campamento de
Tamadaba

Siete Pinos

1291 1309

El Sao

Emb. Tierras
de Manuel

Pinar de Tamadaba

El Hornillo

Los Roques

Casa Forestal

Cueva del Zapatero

Montaña de Tamadaba
1443

Emb. de
los Perez

646

El Risco

El Risco

Los Llanitos

Caidero del Palmar

Barranco del Palmar

Presa de
Lugarejos

884

Lugarejos

1023

Risco Caldo

N A T U R A L

Charco Hondo

El Majorro

988

Los Morillos

1221
Degollada
de la Laja

GC-216

Pinar de Tamadaba

Cruz de las Mentiras

Coruña

Hoya del Pino

GC-217

Casas de Tirma

Cruz de la Virgen

669

Presa de
Tirma

Los Pinos Dulces

Cortijo de
la Tirma

Presa de
las Hoyas

12

GC-217

Los Cañascales

Cruz de Acusa

GC-210

1301

Cruz de Maria

1272

1298

Las Portuguesas

1338

Pico de la Morra
866

Hoya de Ojeda

Solana del

1216

Risco Alto

Lomo de la Majorera

1108

1182

Lomo del
Cura

Morto Castrado

Presa de la Candelaria

Ventanieves

D E T A M A D A B A

1024

1376

1377

Los Lomos

Altavista

1001

Vega de Acusa

Höhlendorf
Acusa Seca

622

Llano Hondón

Las Arentias

Montaña de Tifarcal
1122 Morro Cardo Cristo

GC-210

Acusa Verde

Laja Amarilla

Candelaria

685

Lomo

La Cruz del
Vaquero

657

Hoya de la Pila

Lentisco

484

787

Los Reyes

Los Reyes

La Solana

546

539 593
Salado

575

762

688

Hornillo

294

Lomo de la Mesa del Junquillo

GC-606

El Carizzal

El Manantial

0   500m

Altavista
Auf fast einen Gipfel

DAUER	3h 30min
LÄNGE	11 km
HÖHENMETER	300 hm
SCHWIERIGKEIT	MITTEL
MIT ÖPNV ERREICHBAR	nein

Das erwartet dich ...

Die heutige Streckenwanderung ist sehr aussichtsreich und bringt uns auf einfachen und gut trassierten Saumpfaden stetig höher. Die meiste Zeit wandern wir dabei durch herrlichen Kiefernwald. Nur der allerletzte Abschnitt ist ein wenig luftig, aber ungefährlich. Zwar steigen wir heute nur auf einen „Beinahe"-Gipfel, die Aussicht in die Caldera de Tejeda mit dem Roque Bentayga und dem Roque Nublo sowie auf das Plateau von Acusa ist dennoch atemberaubend.

Start & Ziel & Anreise

Los geht's am Degollada del Sargento. Von Westen fahren wir über die GC-21 nach Artenara. Dann weiter über die GC-210 und die GC-216. Der Ausgangspunkt befindet sich 2,5 Kilometer nach dem Cruz de Acusa an der Straße zum Tamadaba. Öffentliche Busse fahren leider nur bis Artenara; ab hier ist die Anfahrt nur mit Taxi oder dem eigenen PKW möglich.

Tourenbeschreibung

Am kleinen Parkplatz in der Senke Degollada del Sargento halten wir uns links auf einen mit Steinmauern gesäumten Pfad. Er führt uns gute 600 Meter den Hang hinauf, dann trifft er auf eine Weggabelung. Wir schwenken nach links, auf den Weg zum Altavista hinauf. Wir steigen kurze 40 Höhenmeter bergan, dann stehen wir am Cruz de Maria, das auf der westlichen Wegseite auf einem Felsblock thront. Dann flacht der Weg wieder ab und führt uns zur Westseite des Kamms. Wir folgen einem herrlich trassierten Saumpfad in aussichtsreiche Höhen und bald fast eben durch den Kiefernwald. Dabei können wir immer wieder schöne Tiefblicke auf die Westküste genießen. In sanftem Auf und Nieder geht's nun nach Südwesten, nach einer halben Stunde wandern wir durch eine kleine Senke. Dabei verlieren wir ein paar Höhenmeter. Direkt danach steigen wir wieder sachte bergan. Eine weitere halbe Stunde später wechseln wir nach dem Risco Alto auf die Ostseite des Kamms.

Die Route steigt nun steiler am Hang an, wir passieren eine luftige Waldpassage. Gefährlich steil bricht das Gelände zu unseren Füßen zum Barranco del Silo ab. Dahinter erspähen wir das Plateau von Acusa. Der Weg ist jedoch – trotz der spektakulären Szenerie – gefahrlos zu begehen. Die Route leitet uns rechts um eine Felsnase herum und steigt noch einmal 70 Höhenmeter in eine Senke ab. Vor uns erhebt sich der Altavista. Beim Wanderabschnitt durch die Senke fallen uns Basaltsäulen am Felskamm an der Westseite des Weges auf. Hinter der Senke teilen sich die Wege: Nach rechts führt ein Pfad ins Tal nach Aldea. Wir entscheiden uns für den linken Pfad, der sich mit einigen Kehren den Hang des Altavista hinaufschlängelt. Er bringt uns etwas später um den lang gezogenen Kamm an der Ostseite herum.

An einer Gratschneide wechselt der Weg ein letztes Mal durch eine kleine Senke auf die Westseite. Ein paar Meter noch, dann erblicken wir rechter Hand eine Betonsäule auf dem Gipfel des Altavista. Der schmale Pfad zieht noch etwa 100 Meter weiter südwärts, bis wir unvermittelt an der Abbruchkante des Gipfels stehen. Wir blicken nun auf die Südseite der Insel hinab. Aus luftiger Höhe betrachten wir die karge Landschaft des Parque Nacional de Tamadaba. Der Rückweg zur Degollada del Sargento erfolgt auf derselben Route.

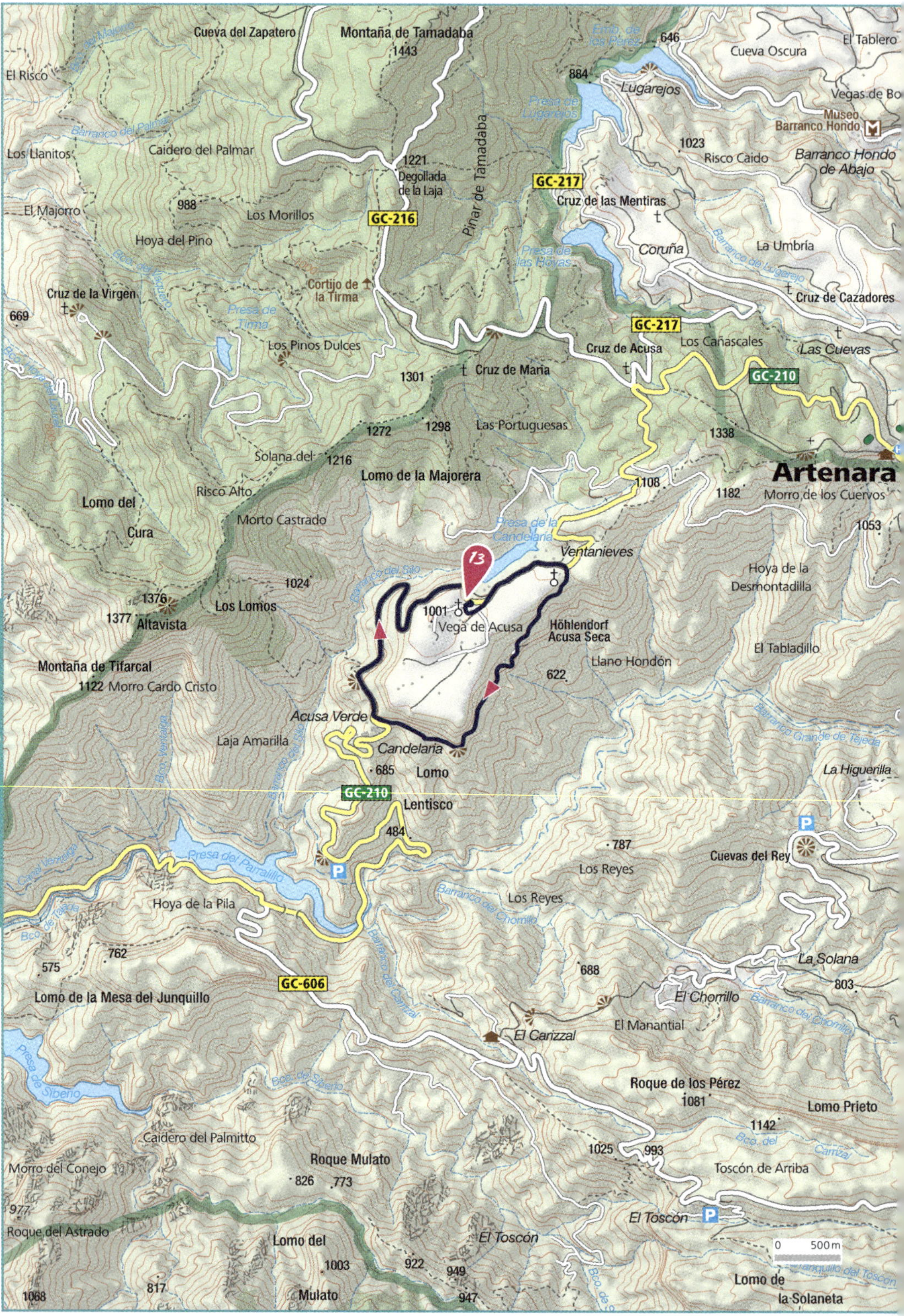
Cueva del Zapatero
Montaña de Tamadaba
1443
El Risco
Caidero del Palmar
Los Llanitos
El Majorro
988
Los Morillos
Hoya del Pino
1221
Degollada de la Laja
GC-216
Pinar de Tamadaba
Cortijo de la Tirma
Cruz de la Virgen
669
Presa de Tirma
Los Pinos Dulces
1301
Cruz de María
1272
1298
Las Portuguesas
Solana del
1216
Lomo de la Majorera
Risco Alto
Lomo del
Cura
Morto Castrado
Presa de la Candelaria
Ventanieves
1024
Barranco del Silo
13
1001
Vega de Acusa
Höhlendorf Acusa Seca
1376
1377
Altavista
Los Lomos
Montaña de Tifarcal
1122 Morro Cardo Cristo
Llano Hondón
622
Acusa Verde
Laja Amarilla
Candelaria
685
Lomo
GC-210
Lentisco
484
Presa del Parralillo
Hoya de la Pila
P
762
575
Lomo de la Mesa del Junquillo
GC-606
Barranco del Carrizal
Barranco del Chorrillo
787
Los Reyes
Los Reyes
688
Cuevas del Rey
La Higuerilla
Barranco Grande de Tejeda
La Solana
803
El Chorrillo
El Manantial
El Carrizal
Presa de Siberio
Bco. de Siberio
Caidero del Palmitto
Morro del Conejo
Roque Mulato
826
773
977
Roque del Astrado
Lomo del
1003
Mulato
1068
817
922
949
947
El Toscón
El Toscón
Roque de los Pérez
1081
Lomo Prieto
1142
1025
993
Toscón de Arriba
Lomo de
la Solaneta
0 500 m
646
Cueva Oscura
El Tablero
884
Lugarejos
Presa de Lugarejos
Vegas de Bo
Museo Barranco Hondo
1023
Risco Caído
Barranco Hondo de Abajo
GC-217
Cruz de las Mentiras
Coruña
Presa de las Hoyas
La Umbría
Barranco de Lugarejo
Cruz de Cazadores
GC-217
Cruz de Acusa
Los Cañascales
Las Cuevas
GC-210
1338
Artenara
1108
1182
Morro de los Cuervos
1053
Hoya de la Desmontadilla
El Tabladillo

Sightseeingtour 13

Auf das Plateau von Acusa
Zu Tafelberg und Höhlendorf

DAUER	2h 15min
LÄNGE	6 km
HÖHENMETER	150 hm
SCHWIERIGKEIT	LEICHT
MIT ÖPNV ERREICHBAR	nein

Das erwartet dich ...

Die einfache Runde führt uns über gut begehbare asphaltierte Straßen und Pisten. Manchmal wandern wir auch über einen steinigen, aber gut trassierten Saumpfad. In der kleinen Höhlenbar El Chorro in Acusa Verde können wir einkehren und uns erfrischen. Tumulusgräber und Mumien, die in den Höhlen von Acusa Seca vor einigen Jahren gefunden wurden, sind im Museo Canario in Las Palmas zu sehen.

Start & Ziel & Anreise

Unser Ausgangspunkt ist die Kirche von Vega de Acusa am Plateau von Acusa. Von Artenara fahren wir mit dem PKW über die GC-210 gute 7 Kilometer bis zum Plateau. Öffentliche Busse der Nr. 220 fahren von Las Palmas leider nur bis Artenara. Wer ohne eigenen PKW unterwegs ist, der kann sich ab Artenara ein Taxi nehmen.

Tourenbeschreibung

Kulturhistorisch ist Acusa recht bedeutend: Mit Acusa Seca besitzt der Ort ein reines Höhlendorf, das noch heute bewohnt wird. Doch auch wegen seiner herrlichen Hochebene und seiner fruchtbaren Anbaugebiete ist der Ort eine Reise wert. Das Plateau steht mit fast ebener Oberfläche wie ein Tafelberg inmitten der tief zerklüfteten Caldera de Tejeda.

Wir starten unsere Wanderung bei der Kirche Candelaria in Vega de Acusa. Zuerst geht's über die Zufahrt auf die GC-210. Wir gehen zehn Minuten nach Norden, bis wir auf die Straßenkreuzung am Cruz de Acusa Seca stoßen. Wir wenden uns nach rechts auf die Asphaltpiste. Kurz darauf passieren wir einen Wegweiser: Hier kreuzen wir den Wanderweg, der von Artenara kommt. Die Straße zieht dann mit einer Spitzkehre über die Steilkante hinab und endet bei einem gut ausgebauten Parkplatz. Ab hier kann man nur noch zu Fuß weiterlaufen: Ein gut ausgebauter

Steinweg führt uns zum Höhlendorf Acusa Seca. Die kleine Siedlung birgt zahlreiche Höhlenhäuser unter den überhängenden Felswänden. Einige davon scheinen restauriert, anderen wiederum sind augenscheinlich verfallen. Die Dorfstraße leitet uns als schmaler Pfad durch die Siedlung. Wir steigen immerzu abwärts und erreichen am Ende des Dorfes die letzten Höhlenhäuser.

Dort erwartet uns schon ein Bergpfad, der an der Ostseite der Felsenfestung etwa 100 Meter unterhalb des Plateaus entlangzieht. Linker Hand schauen wir auf den Barranco de la Aldea de San Nicolás, dahinter ragt der Roque Bentayga auf. Gute zwanzig Minuten später erreichen wir die Felsnase Candelaria. Hier wechseln wir auf die Südseite des Felssockels, auf der uns eine Schautafel erwartet. Sie erzählt Wissenswertes über Winderosion und Höhlenwohnungen. Bald erspähen wir unterhalb auch einige Felder. Eine viertel Stunde später erreichen wir einen Weg, der von eben jenen Feldern kommt. Ein paar Minuten danach gelangen wir exakt beim Kilometerstein 16 auf die GC-210.

Nach rechts erreichen wir Acusa Verde mit einer schönen Dorfbar. Unterhalb der Bar befindet sich eine Quelle, die wir über eine Steintreppe links der Straße zu den kühlen Grotten mit den Wasserbecken erreichen. Dann spazieren wir nochmal 2,5 km über vier Spitzkehren auf der Straße zurück zum Ausgangspunkt in Vega de la Acusa.

Tres Cruces

Lance

Firgas

El Risco

Presa de Firgas

Barranquillo Frío

654

El Palmital

Fuente Santa

HotelAzuaje

El Junquillo

El Palmira Alto

GC-306

Cruz del Siglo

682

Hoya de la Cruz

RES. NAT. ESP.
DE AZUAJE

GC-305

Santa Cristina

GC-703

GC-700

San Fernando

RES. NAT. ESP.
DE LOS TILES DE MOYA

Los Tiles

Montaña Dorama

643

Barranco
de Guadalupe

Las Huertecillas

GC-70

Montaña Alta

882

708

La Montaña

Alta

951

776

Caserío Peñón

GC-704

Doramas

El Zumacal

Llano Alegre

Barranco
del Pinar

P A R Q U E   R U R A L   D E   D O R A M A S

GC-30

Lomo del Peñón

873

714

Zumacal

Barranco
del Laurel

Cuevas de Acero

701

GC-307

La Jarada

772

Morón

1101

El Tablero

La Laguna

GC-70

908

Caserón

913

Monagas

Hoyas del
Cavadero

GC-75

Teror

14

Troyanas

902

Carpinteras

GC-21

La Lagund

Fontanales

Barranco

Montaña Lentisco

Barranquillo

GC-702

Barranco

1081

Zamora

Mirador
Balcón
de Zamora

1185

1069

GC-305

Valsendero

Mirador Balcón de Zamora

GC-70

1094

Valleseco

Majadales

1081

1013

Menaga

Lomo Quemado

Arbejales

965

Bar El Lomo

Montaña Moreno

Ojero

Lanzarote

1059

1025

Caldera de Gáldar

1377

Mirador
Pinos de Gáldar

Montaña Pajarito

1203

Bar

Madrelagua

El Mesón

1476

Los Langueras

1463

1431

1301

Piedra

San Isidro

GC-150

MON. NAT. DEL
MONTAÑÓN NEGRO

1279

1263

1031

1517

1669

1248

GC-21

1029

Montañón Negro

GC-21

Las Montañetas

La Yedra

1601

1619

Fuente Carca
de la Arena

1613

Cuevas del Corcho

GC-230

GC-400

Cruz del Herrero

Ermita de

0   500m

Schluchttour 14

Barranco de la Virgen
Durch eine Schlucht wie aus dem Bilderbuch

DAUER	4h 30min
LÄNGE	13 km
HÖHENMETER	500 hm
SCHWIERIGKEIT	MITTEL
MIT ÖPNV ERREICHBAR	ja

Das erwartet dich ...

Die heutige Wanderung ist ein Streifzug durch die Kulturlandschaft im Norden. Sie bewegt sich auf einfachen Feldwegen, Saumpfaden und asphaltierten Straßen. Lediglich durch den Höhenunterschied von 500 Metern wird die Runde ein bisschen anspruchsvoller. Guter Orientierungssinn ist jedoch notwendig, da man auf Grund der vielen Seitenpfade schnell mal eben diesen verlieren kann.

Start & Ziel & Anreise

Wir starten unmittelbar an der Hauptstraße in Fontanales. Den Ort erreichen wir mit dem PKW von Norden über die GC-75. Aus dem Süden fahren wir den Ort über Artenara via GC-21 und GC-70 an. Öffentliche Busse fahren von Las Palmas nach Moya. Von hier aus nehmen wir dann den Bus Nr. 127 nach Fontanales. Von Las Palmas fährt die Linie Nr. 116 oder 117.

Tourenbeschreibung

In Fontanales wechseln wir kurz hinter dem kleinen Supermarkt in die Calle La Montañeta de Fontanales und steigen ein wenig bergauf. Wir passieren eine Häuserzeile und halten uns rechts leicht abwärts. Beim Haus mit der Nummer 19 endet das grüne Straßengeländer. Ein Wegweiser schickt uns hier halb links Richtung Valsendero. Bald laufen wir über eine Betonpiste aufwärts. Links ein ockergelbes Haus, rechts eine halb verfallen Finka. Die Route schlängelt sich an den Häusern entlang bis zu einem Wiesenpfad. Er ist von Brombeerranken und Steinmauern gesäumt und gewinnt leicht an Höhe. Beim nächsten Haus schwenkt er nordwärts und steigt nochmals sanft an. Zehn Minuten später treffen wir an einem orangefarbenen Haus auf eine Dorfstraße.

Hier biegen wir nach links ein und treffen nach ein paar Dutzend Metern auf das Haus Camino Lomo El Marco 18. Nach rechts leitet uns eine sehr steile Betonpiste hinab. Nach 300 Metern stehen wir am Haus Camino El Tablero 33. Wir halten uns an der Weggabelung nochmals rechts und wandern einen asphaltierten Weg hinab. Dabei passieren wir zwei bewaldete Taleinschnitte. Auf diesen geht's aufwärts, um eine Rechtskurve mit steiler Felswand im Innenbogen und am weißen Haus Nr. 53 vorbei. Dann bringt uns eine Rechtskurve um den Hangrücken herum und durch eine Hangsenke mit Feldterrassen. An einer Weggabelung direkt bei einem weißen Haus nehmen wir die rechte Piste aufwärts bis unmittelbar zur Abbruchkante zum Barranco de la Virgen. Unterhalb einer Straßenlaterne biegt ein Saumpfad ab. Er führt durch Kulturterrassen ins Tal. Sanft im Abstieg halten wir uns nach 50 Metern auf dem rechten Weg. Hier beginnt der Abstieg auf dem schmalen Saumpfad, der zuerst Kulturterrassen und Zitronenbaumplantagen durchquert. 500 Meter später unterqueren wir eine Rohrleitung, dann geht's um eine Haarnadelkurve. Jetzt erblicken wir auch den Talboden unter uns und die Ortschaft Valsendero. Wir steigen nochmal 20 Minuten hinab, dann erreichen wir einen Talboden mit einer Finca. Wir umrunden das Anwesen in einem Bogen und gehen bis zur Straße. Nach links geht's durch den Taleinschnitt hinab. Wohnhäuser säumen den Weg, der uns auf bequemem Asphalt stetig abwärts führt.

Eine dreiviertel Stunde wandern wir so dahin, nach einer Brücke geht der Weg in einen Schotterboden über. Vor einer Rechtskurve biegen wir links ab. Hier leitet uns ein terrassierter Saumpfad weiter, der Camino Cuevas de Acero. Er leitet uns durch den Barrancohang hinauf. Dabei bewältigen wir zahlreiche Stufen und gepflasterte Kurven. Kühn mutet die Wegtrasse an, bietet aber auch gleichzeitig herrliche Blicke auf den Barranco. Nach einer deutlichen Linkskurve stehen wir an ein paar Feldterrassen. Wir ignorieren die abzweigenden Wege und erreichen nach einer halben Stunde Aufstieg die Fahrstraße am Barrancohang. Sie liegt nur wenige Meter vor dem Haus Camino de Data Nr. 2.

Wir biegen rechts ab und wählen die mittlere schmale Straße. Sie führt uns die nächsten 2,5 Kilometer hinauf. Dabei bewegen wir uns auf der Kante eines Hangrückens zwischen Barranco de la Virgen auf der linken Seite und einem Wiesental zu unserer Rechten. Hin und wieder überwinden wir eine steile Geländestufe. Im Verlauf des Weges passieren wir einige Fincas, Wohnhäuser und Landsitze. Ein paar hundert Meter später stehen wir an der Bushaltestelle von Corvo.

Wir folgen der GC-75 100 Meter, dann wechseln wir rechts auf eine asphaltierte Nebenstraße, die zum Weiler El Tablero führt. Nach einem Trafohaus gelangen wir zum Haus Camino El Tablero 33. Hier sind wir zu Beginn der Wanderung nach rechts abgezweigt. Wir gehen weiter geradeaus und steigen ein paar Minuten steil zum Haus 18 am Camino Lomo El Marco an. Hier biegen wir links und gleich darauf rechts ein. Auf dem breiten, bereits bekannten Saumpfad wandern wir in einer viertel Stunde nach Fontanales zurück.

GC-220

Bascamao
GC-70
Montaña Alta
Alta
951
Montaña Alta
882

RES. NAT. ESP.
DE LOS TILOS DE MOYA

708
776
Caserío Peñón
GC-704
Llano Alegre
Doramas

Márquez

P A R Q U E   R U R A L
D E   D O R A M A S

Caideros
1002
996
998

Barranco
del Pinar

Lomo del Peñón
873
Cuevas de Acero

GC-710

Barranco
del Laurel
La Jarada

El Tablero

1136
1101
GC-70
908
GC-75
Caserón
913

Montaña Buenaventura
1193

Hoyas del
Cavadero

15

Lomo del Tablero

Fagajesto

1222
1197

GC-221

Risco Blanco

Fontanales

GC-70

Barranco
Montaña Lentisco
1081
1069

GC-220

Mesas

GC-702

1185
Valsendero
1094

Majadales

P

Caldera de Gáldar
1377

Menaga

Lanzarote
1203

El Tablero

GC-702

1204

La Solana

Los Galeotes

Fte. del Garbín

Mirador
Pinos de Gáldar

Montaña Pajarito
1476
1463
1431
1301

Los Langueras

Bar

GC-223
1241
1266

El Mesón
P

Cruz de Valerón †

El Tablado

GC-220

MON. NAT. DEL
MONTAÑÓN NEGRO
1669

GC-21

1279
1248

Pista de Motocross

GC-224

1517

GC-150
Montañón Negro
1601
1619
1613

GC-21

Las Montañetas

GC-275

Las Arbejas

Fuente Carco
de la Arena

P A I S A J E

Cuevas del Corch

GC-230

GC-21

La Cilla

Caserío Chajunso

Moriscos
1773
1761

Ermita la Cuevita

1461

1651

Cuevas de Caballero
Degollada de las Palomas

El Penón
1598

Galas
1442

Artenara

1522

Guardaya de Arriba

GC-210
El Majuelo

Monte Constantino
1711

GC-150
GC-230

La Caldereta

El Rincón

Cruz de Tejeda † Paso Cruz de Tejeda
Parador   (Cumbrepass)
P   1510

Montaña de las Arenas
1425

El Refugio

Bar El Estanco

GC-15

0   500m

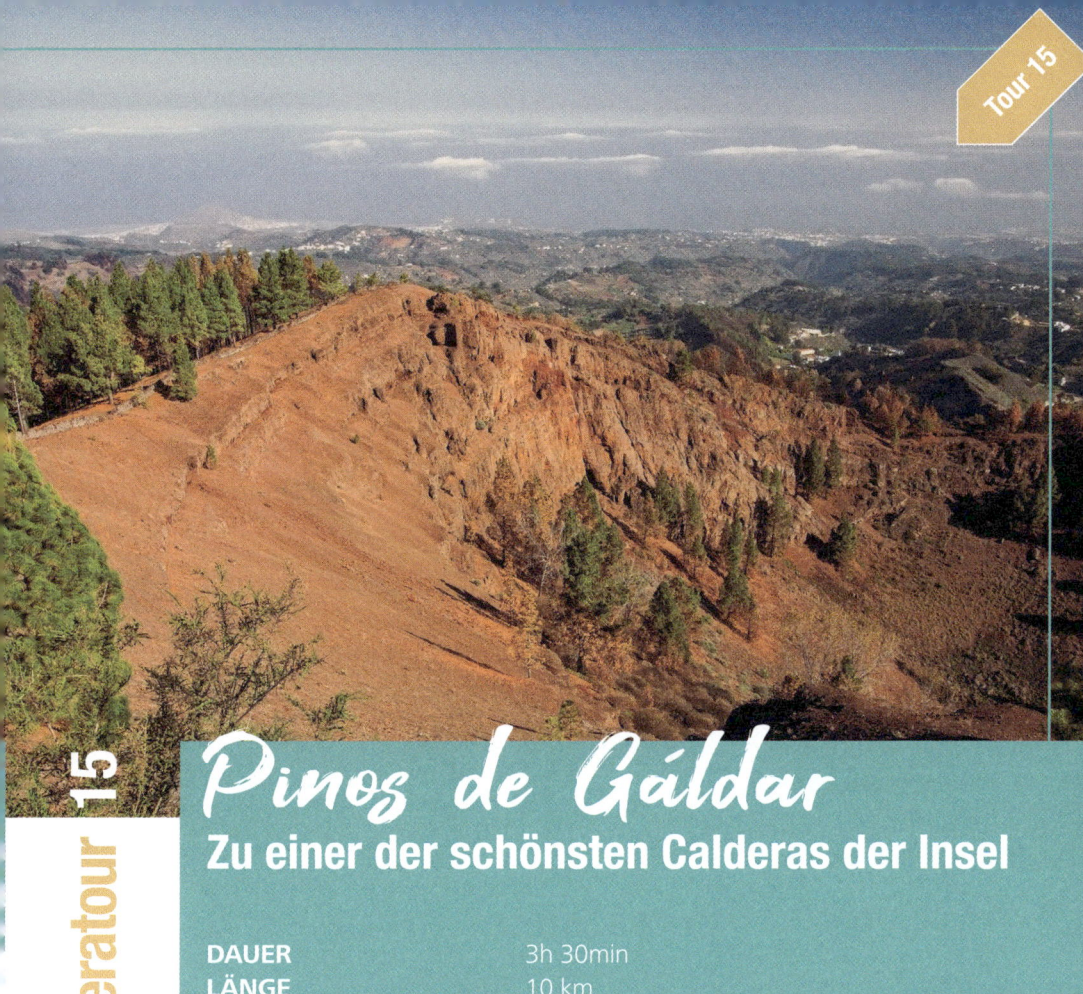

Calderatour 15

Pinos de Gáldar
Zu einer der schönsten Calderas der Insel

DAUER	3h 30min
LÄNGE	10 km
HÖHENMETER	510 hm
SCHWIERIGKEIT	MITTEL
MIT ÖPNV ERREICHBAR	ja

Das erwartet dich ...

Mit dem Pino de Gáldar erwartet uns eine der eindrucksvollsten Natursehenswürdigkeiten der Insel. Die Rundwanderung ist sehr einfach und führt uns über Waldpfade, Feldwege und Betonpisten. Der Aufstieg zum Krater ist wegen des aus Lavagrus bestehenden Untergrundes etwas kräfteraubend. Zwei kurze Abschnitte müssen wir auf der GC-70 zurücklegen.

Start & Ziel & Anreise

Unser Ausgangspunkt ist das Ortszentrum Von Fontanales. Den Ort erreichen wir mit dem PKW von Norden über die GC-75. Aus dem Süden fahren wir den Ort über Artenara via GC-21 und GC-70 an. Öffentliche Busse fahren von Las Palmas nach Moya. Von hier aus nehmen wir dann den Bus Nr. 127 nach Fontanales. Von Las Palmas fährt die Linie Nr. 116 oder 117.

Tourenbeschreibung

Der Krater Pinos de Gáldar ist ein beliebtes Ziel auf Gran Canaria. Die Caldera ist in ihrer beinahe kreisrunden Form bis heute erhalten geblieben. Neben dem trichterförmigen Krater begeistern vor allem die kohlenschwarzen Lavagrushänge, die an den Rändern sowie in der näheren und weiteren Umgebung die Landschaft prägen. Die Wanderung beschert uns zudem herrliche Ausblicke auf die Nordseite von Gran Canaria, die bis Las Palmas reichen.

Wir beginnen unseren abenteuerlichen Ausflug direkt in Fontanales in der Dorfstraße. Sie bringt uns ca. 400 Meter Richtung Artenara. Hier finden wir einen Wegweiser zum Fußballplatz „Campo de Fotball" und Mirador del Valle. So wechseln wir nach links auf die Calle de Valle und gehen aufwärts, bis wir nach einem gelben Werksgebäude nach rechts auf einen Saumpfad einbiegen. Links oben sehen wir einen Eukalyptuswald und einen Picknickplatz. Es geht durch einen Barranco und dann über einen Wiesenpfad hinauf. Wir wandern an einem Kiefernwald entlang und steigen dann nach einer schattenlosen Passage an der Westseite eines Hang-rückens aufwärts. Der Weg wird teils von einem Zaun gesäumt, dann von hohen Adlerfarnstauden und Ginsterbüschen. Nach einer halben Stunde treffen wir auf die GC-70. Hinter einem Eisentor folgen wir ihr nach links. Wir begleiten sie ca. 400 Meter hinauf, dann schwenken wir nach rechts auf einen abgehenden Saum-pfad mit Wegweiser ein. Er zieht sich eben durch die Kiefernwaldhänge. Nach einer Waldpiste leitet uns ein von Nadeln bedeckter Weg steil hinauf zu einer markanten Saumpfad Kreuzung. Hier zweigt die Route Richtung Guía ab, die auch als „Milch-straße" bekannt ist. Früher wurden hier die Weidetiere von den Almen ins Tal ge-trieben. Wir schlagen den linken, von Steinmauern gesäumten Weg ein. Schnell steigt der mit Lavageröll übersäte Weg an. Nach ca. 20 Minuten stehen wir dann an der Aussichtsplattform Mirador Pinos de Gáldar.

Die Plattform befindet sich direkt am Kraterrand und ermöglich uns einen Blick in den gut 100 Meter tiefer liegenden Vulkantrichter. Dahinter erstreckt sich die Nordseite der Insel bis zum Meer. Bei gutem Wetter können wir bis Las Palmas mit der Isleta sehen. Der markante Vulkankegel von Gáldar stammt aus der letzten massiven vulkanischen Aktivität auf Gran Canaria, die etwa 3000 Jahre zurückliegt. Der Beiname „Pinos" bezieht sich auf den dichten Kiefernwald auf dem West- und Nordhang. Nach der Rundumschau folgen wir der Fahrstraße nach Süden. Wir ge-hen gut 600 Meter hinab durch den tiefschwarzen Lavahang an der Montaña del Capitán. Dann erreichen wir die Straßenkreuzung, an der die GC-21 Richtung Val-lesco abbiegt.

Wir biegen links ab und verlassen sofort die Straße auf eine Lavapiste. Sie führt uns unterhalb des Kraterhanges talabwärts. Nach zwei Haarnadelkurven stehen wir im Talgrund, schön beschattet von Eukalyptusbäumen. Wir wandern weiter auf der Piste hinab, über ein Almgelände und an einem betonierten Stall vorbei. Nach einer weiteren Haarnadelkurve geht's durch Gebüsch und Baumbestand. Zur Linken ent-fernt sich der Barranco immer mehr. An einer Weggabelung halten wir uns rechts, steigen erst an und schwenken auf der Höhe nach rechts um einen Hangrücken. Dann senkt sich die Route in den Talgrund, wo sie auf Ställe und Fincas trifft. Am Haus Nr. 24 ändern wir die Gehrichtung und biegen im Verlauf der betonierten Piste scharf nach links. Dann leitet uns der Camino durch den Talgrund des Bar-ranco del Agua Fontanales.

Wir wandern einen km an Feldterrassen und Fincas entlang Richtung Fontanales. An der tiefsten Stelle des Weges wechseln wir auf die Calle La Montañeta de Fon-tanales. Nach 5-minütigem Aufstieg schwenken wir an einer alten Häuserzeile nach links. Durch die Calle steigen wir nun hinab nach Fontanales.

Vulkantour 16

Bandama
Hinab in den schönsten Vulkankrater der Insel

DAUER	1h 45min
LÄNGE	3,5 km
HÖHENMETER	210 hm
SCHWIERIGKEIT	MITTEL
MIT ÖPNV ERREICHBAR	ja

Das erwartet dich ...

Die Wanderung ist sehr kurz und führt uns auf gut trassierten Wegen mit vielen Rastbänken zur Caldera. Der Weg ist meist schattenlos und an heißen Tagen kann die kurze Wanderung anstrengend werden, da sich die Luft innerhalb der Caldera und ihren Steinwänden besonders stark aufheizt. So sollten wir genügend Getränke einpacken, denn unterwegs gibt es auch keine Erfrischungsmöglichkeiten.

Start & Ziel & Anreise

Unser Ausgangspunkt ist Bandama. Die kleine Siedlung am Caldera-Rand befindet sich am Beginn der Auffahrt zur Spitze des Vulkankegels. Von Las Palmas ist der Ort gut über die GC-23, GC-3 und die GC-4 zu erreichen. Die Zufahrt ist ab dem Autobahnende GC-4/Kreisverkehr vor Santa Brígida mit braunen Wegweisern gut ausgeschildert. Von Las Palmas fährt der Bus Nr. 311 nach Bandama.

Tourenbeschreibung

Die Caldera de Bandama ist einer von fünf Vulkankratern auf Gran Canaria und befindet sich auf der Nordostseite der Insel unterhalb von Santa Brigida. Der Pico de Bandama stammt aus der letzten Ausbruchsserie der Vulkane von Gran Canaria vor 5000 Jahren. Der Einsturzkrater ist fast kreisrund mit einem Durchmesser von knapp 1000 Metern und einer Tiefe von 200 Metern.

Wir gehen zunächst an der kleinen weißen Kirche, einigen Wohnhäusern und dem Verkaufslokal von „Hoyos de Bandama" vorbei zu einem Eisentor. Es ist täglich von 8:00-17:00 Uhr geöffnet und ermöglicht den Zutritt zur Caldera. Wir wandern durch einen tunnelartigen Gang und über Steintreppen zu einem Saumpfad aus dunklem und hellem Lavagrus. Er zieht sich gut trassiert, teils über Steintreppen, am Caldera-Rand hinab. Auf halber Höhe gelangen wir auf einer Felsnase zu einem weiteren Aussichtspunkt. Dann ziehen sich zahllose Serpentinen durch Gebüsch, Agaven und an Felsblöcken vorbei abwärts, bis wir die Basis der Caldera erreichen.

Eine Weggabelung leitet eine Runde am Caldera-Boden ein. Dabei passiert sie ein Gehöft und einen kleinen Rastplatz. Nach rechts folgen wir einem Rundweg, kommen an Olivenhainen vorbei und gehen durch teilweise dichtes Trockengebüsch. In sanftem Auf und Nieder geht's an Palmen vorbei und über alte Feldterrassen um die Caldera herum. Dabei fällt unser Blick stets auf die Feldkulturen am tiefsten Punkt und dem hoch aufragenden Gipfel. Über einen Stichweg erreichen wir schließlich die in den Tuff eingearbeiteten Höhlen. Sie befinden sich am unteren Rand der Felswände im Südosten.

Wir folgen dem Trampelpfad weiter zur Ost- und später zur Nordseite des Kesselgrundes. Dann stehen wir an einem runden Platz. Pittoreske Steinmauern unter einer Eiche laden zur Rast ein. Der Rundweg leitet uns weiter an die Nordseite, deren Hänge von bizarren Lavaformen verziert werden. Dann gelangen wir an ein Gelände mit einer Finca, die noch von einem Bauern bewohnt wird. Hinter einem Feld erwartet uns eine Fincaruine. Hier gibt es eine alte Holzpresse, einen Dreschplatz und einen Stall. Von der Holzpresse wandern wir etwas aufwärts zum Saumpfad, an dem die Runde begann. Auf bekanntem Weg geht es nun zurück zum Ausgangspunkt.

La Fajanita
Mirador del
Balcón

Roque del Herrero
29

El Caletoncillo
Bajones de Ana

Los Bajones
271   198
Montaña Tablada
385   386

Carrizo

GC-200

Punta de la Aldea

El Lomo
Bco. Caidenillo

14
Puerto
Montaña Caserones

Los Caserones
109
GC-2

Playa de la Aldea

Barranco de la Aldea

Lomo los Quemados

142

Planta Potabilizadora

Los Molinos

Barran

Las Marciegas

Ladera del Palomar

El Cruce
GC-200
Albercón

Punta de los Agujeros

La Solana

374
435

Mederos

El Ribanzo
147

La Rosa

Jerez

La Lajilla
402

Roque Colorado
81
Risco de las Gambuesillas

Los Espinos

Tarahalillo

Punta de Sanabia

Cuermeja

La Ladera
GC-200

San Nicolás
de Tolentino

Degollada de Vallehermoso

Los Cardones

Baja del Trabajo

Picacho de la Cruz
669

Lomo del Pino

Molino de Viento

749 Amurga
791

Punta de la Soga

Degollada de Peñón Bermejo
684
Peñón Bermejo
737

Artejévez

Los Calderos de Amurga

600

600

0   500m

296

El Caletón

Montaña del Cedro

Punta de la Aldea
An der Küste zum Degollada El Perchel

DAUER	2h
LÄNGE	7,3 km
HÖHENMETER	195 hm
SCHWIERIGKEIT	LEICHT
MIT ÖPNV ERREICHBAR	ja

Das erwartet dich ...

Die Westküste von Gran Canaria zwischen Puerto de Mogán und Agaete ist wenig touristisch erschlossen. Von Puerto de la Aldea führt diese nette kleine Wanderung kurz auf gut erkennbaren, zwischendurch auch markierten Wegen oberhalb des Meers. Die Gegend ist trocken und karg, hat aber durchaus ihren Reiz. An unserem Ziel, der Degollada El Perchel, erwartet uns ein toller Aussichtspunkt. Unterwegs streifen wir einen kleinen Strand, also Badesachen nicht vergessen!

Start & Ziel & Anreise

Los geht's in Playa San Nicolás. Mit dem PKW fahren wir von Agaete an der Küstenstraße GC-200 Richtung Süden. Gegen Ende hin wechseln wir auf die GC-2 nach San Nicolás. Parkmöglichkeiten gibt es in der Paseo el Charco, neben dem Spielplatz. Von Agaete fährt der Bus Nr. 101 nach San Nicolás direkt ins Zentrum des kleinen Ortes.

Tourenbeschreibung

Folgt man der Hochstrasse nördlich von Mogan durch das Gebirge, so tut sich nach und nach eine ganz andere Welt auf. Wir lassen die Touristenhochburgen hinter uns und erreichen eine Gemeinde, die vom Rest der Insel isoliert scheint. Das verdankt Aldea de San Nicolás den topografischen Umständen: Das Aldea-Tal wird zum Norden sowie zum Süden hin durch Steilküsten, zum Inselinneren durch Berge und tiefe Schluchten begrenzt. Trotz der einsamen und abgeschnittenen Lage hat der Ort wirtschaftlich etwas aus sich gemacht. So dreht sich hier alles um die Tomate. Und tatsächlich sehen auch wir immer wieder ausgedehnte Tomatenplantagen.

Wir beginnen unsere kleine Runde in Playa de San Nicolás beim Spielplatz. Zunächst schlendern wir die Hauptstraße Richtung Norden bis zur Calle Lomo del Carmen entlang. Hier biegen wir rechts ab und wandern schon bald aus dem Ort hinaus und auf einem breiten, geschotterten Weg in die karge Landschaft hinaus. Der Wegverlauf ist recht gemütlich. Sanft steigen wir über eine Linkskehre und dann relativ kurvenreiche oberhalb der Zona Arqueológica La Caletilla bergan. Ein paar nach links abzweigende Pfade ignorieren wir dabei. Mit zunehmender Höhe gesellt sich auch langsam ein wenig grün am Wegesrand zu uns. Nach ungefähr zwanzig Minuten stößt von links ein Weg zu uns herauf. Hier steht auch eine Wegbeschilderung. Wir bleiben unserem Weg treu und wandern weiter am Hang entlang, bis wir nach ungefähr 600 Metern auf eine kleine Linkskehre treffen. Wir halten uns rechts und steigen nun etwas steiler über zwei Spitzkehren zum Ziel unserer heutigen Runde auf – der Degollada El Perchel. Von hier oben genießen wir einen herrlichen Ausblick auf den Atlantik, unter uns brechen die Wände kühn zum Meer hin ab.

Für den Rückweg steigen wir zunächst wieder zur kleinen Kehre hinab, dann wenden wir uns nach rechts. Dreimal queren wir ein Bächlein und steigen auf nun schmalerem Weg wieder hinab. Der Weg ist gut angelegt und wird von vereinzeltem Buschwerk gesäumt. Die schönen Blicke auf s Meer verkürzen uns den Abstieg. Wir nähern uns immer mehr der Hangkante, die Blicke werden immer spektakulärer. Schließlich steigen wir nach einem inoffiziellen Aussichtspunkt über einen Pfad nach Süden hinab. Dabei queren wir wieder ein paar mal ein paar Rinnsale, und schließlich stehen wir an einem kleinen, idyllischen Strand. Von hier steigen wir nochmal ein paar Höhenmeter auf, dann geht es endgültig zurück nach Playa de San Nicolás. Am Ortsrand gehen wir kurz über die GC-173 am Besucherzentrum vorbei zum Strand. Jetzt können wir entweder am Playa de la Aldea entlang oder über die Straße zurück in den Ort laufen. Wobei der Strand sicherlich die schönere Möglichkeit ist.

Autoren Tipp

Direkt am Ortsrand befindet sich ein archäologisches Ausgrabungszentrum. Hier wird nach den Resten einer der größten Siedlungen der ganzen Insel mit einer Großzahl von Behausungen und Grabhügeln gebuddelt. Denn schon zu Zeiten der Altkanarier befanden sich im Tal bedeutende Siedlungen. Einst standen hier 800 Häuser, zahlreiche Keramikgegenstände sowie Mauerreste von Wohnhäusern dieser Epoche wurden gefunden.

GC-221
1222 1197
Risco Blanco
Mesas
GC-702
GC-70
GC-220
Majadales
GC-702
La Solana
Los Galeotes
1241
1266
Cruz de Valerón
El Tablado
GC-220
El Mesón
GC-224
1517
1461
1522
1651
Caserío Chajunso
GC-21
Las Árbejas
Mirador Pinos de Gáldar
Fte. del Coneja
Caldera de Gáldar
1377
MON. NAT. DEL MONTAÑÓN NEGRO
GC-150
1669
Montañón Negro
1601
1619
1613
Fuente Carcel de la Arena

Hoyas del Cavadero
Fontanales
Barranco de la Madrecilla
1185
Valsendero
Menaga
Los Langueras
Montaña Pajarito
1476
1431
1463
1301
PAISAJE

Carpinteras
Montaña Lentisco
1081
1069
1094
Valleseco
Bar El Lomo
Lanzarote
1203
Bar
Zamora
GC-305

1279
1248
Las Montañetas
Cuevas del Corcho
GC-230
Lomo la Solana
Lomo Mangrera

Moriscos
1773
1761
Cuevas de Caballero
Degollada de las Palomas
Monte Constantino
1711
GC-210
El Majuelo
El Rincón
Cruz de Tejeda
Parador
Montaña de las Arenas
El Refugio
1425
El Penón
1598
GC-150
GC-230
Galas
1442
Risco Prieto
El Lomito
18
Paso Cruz de Tejeda
(Cumbrepass)
1510
Bar
El Estanco
El Estanco
Las Lagunetas
El Vincol
Las Longueras
GC-15
GC-15
Bar
La Corte

Roque Bentayga
1415
GC-607
Casas de la Umbría
GC-60
1221
Lomo de
Morados
1303
1322
1321
1141 1201
Cruz de Timagada
La Solana
La Degollada
Guardaya
1047
849
La Solana
Guardaya de Arriba
Tejeda
Bar
Cuevas Caídas
Cruz de Timagada
GC-156
1589
1602
Mórro de la Armonía
1652
PROTEGIDO
Mirador de Becerra
GC-608
Juan Gómez
1582
DE LAS CUMBRES
Montaña del Andén del Toro
1727
1771
Cueva Grande
1324
La Culata
Bar
Cruz de Llanos de la Paz
0   500m
GC-600
GC-130
1793
Degollada de la Moradas
1663
Fuente de la Zarza
Degollada Blanca
Lomo de los

Naturtour **18**

Cruz de Tejeda

Zu den altkanarischen Höhlen „Cuevas de Caballero"

DAUER	2h 45min
LÄNGE	8 km
HÖHENMETER	355 hm
SCHWIERIGKEIT	LEICHT
MIT ÖPNV ERREICHBAR	ja

Das erwartet dich ...

Unser heutiges Ziel sind die bedeutenden Höhlen „Cuevas de Caballero". Die Wanderung ist recht einfach und führt über gut trassierte Wege und Pfade, teils auch auf Wald- und Schotterstraßen. An mancher Stelle helfen Wegweiser weiter. Dabei erwartet uns eine abwechslungsreiche Tour, mit herrlichen Einblicken in die Caldera de Tejeda. Höhepunkt sind die in atemberaubender Lage befindlichen prähistorischen Wohnstätten.

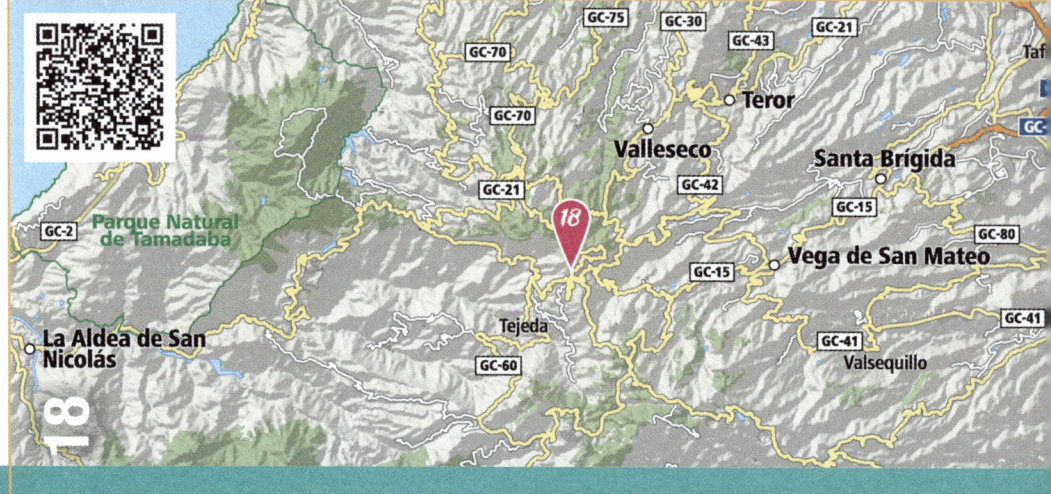

Start & Ziel & Anreise

Wir beginnen die Wanderung am Cruz de Tejeda. Parkmöglichkeiten gibt es am Hotel Parador an der Südwestseite. Der Ausgangspunkt ist beim linken Wegweiser. Aus Osten erreichen wir den Ausgangspunkt über die GC-400, aus Westen über die GC-210. Von Las Palmas fährt der Bus Nr. 303 nach San Mateo. Hier steigen wir in den Bus Nr. 308 um, der uns direkt zum Cruz de Tejeda bringt.

Tourenbeschreibung

Die Wanderung zu den Höhlen von Caballero ist auch bei den Einheimischen sehr beliebt. Daher werden wir auf dem heutigen Weg wohl selten alleine sein. Die Höhlen liegen hoch über der Caldere de Tejeda in den nach Süden exponierten Felsen. Die Höhlen sind mit Gittern versperrt, da sie immer wieder Vandalismus zum Opfer fielen und die Höhlenmalereien beschädigt wurden. Die Behausungen wurden wie ein natürlicher Balkon in den Risco de Chapin eingehauen.

Vom linken Wegweiser am Hotel Parador de Cruz de Tejeda steigen wir links kurz durch den Kiefernwald an. Sofort gehen wir an einem Wasserbecken vorbei und über einige Serpentinen durch felsiges Gelände. Wieder im Kiefernhain biegt der Weg fast eben in die oberen Hänge des Barranco de Tejeda ein. Der Pfad ist recht breit und verläuft wie ein Höhenweg. Dabei erhaschen wir herrliche Tiefblicke in die zerklüftete Schlucht. Hinter einem Hangrücken stehen wir schließlich an der Degollada de las Palomas. Hier steht ein gelbes Aussichtshäuschen direkt an der GC-150.

Wir folgen hinter dem Haus einer Steintreppe hinauf, die mit einem Wegweiser gekennzeichnet ist. Der breite Pfad steigt eine Weile bergan und wird später zum breiteren Fahrweg durch lichten Kiefernwald. Wir überwinden zwei Hangwellen, dann wandern wir sanft hinab zu einer Weggabelung. Wir halten uns links und folgen einem Waldpfad, der mit einem Steinpodest beginnt. Wir erklimmen den Hangrücken und laufen dann auf einem schmalen Höhenpfad mit grandioser Aussicht auf den Barranco de Tejeda. An den steilen Hängen ragen bizarre Felsformationen auf.

In sanftem Auf und Nieder geht's an der Abbruchkante entlang. Dann schwenkt die Route markant nach rechts. Wir wandern auf steinigem Pfad durch einen Kiefernwald hinab. Bald taucht vor uns ein felsiger Rücken auf und somit auch unser Ziel. Bei den Infotafeln über die Höhlen wenden wir uns nach links auf einen Durchlass zwischen den Felsen zu. Die Landschaft ist schroff. Vor uns bricht das Gelände unmittelbar in die Tiefe und wir steigen nach rechts über Felsbänder ohne größere Probleme zu einem Absatz hinab. Da erspähen wir schon die ersten Höhlen. Das Nachmittagslicht erhellt die Höhlen so weit, dass wir die Malereien im Inneren erkennen können. Die dreieckigen Formen sollen eine religiöse Bedeutung haben. Weiter nach links befinden sich noch weitere Höhlen, die jedoch alle mit Gittern geschützt sind. Das Abendrot verleiht diesem Ort eine ganz besondere Stimmung. Dann färbt sich das Gestein orangerot, während die Schatten im Barranco unterhalb des Roque Bentayga ein kunstvolles Schauspiel vollführen.

Der mystische Roque Bentayga ragt wie ein mahnender Finger fast 600 Meter in die Höhe und erschafft zusätzlich zu dem Höhlenambiente eine mystische Stimmung. Leider müssen wir uns wieder von diesem Ort lösen, um den Rückweg anzutreten. Wir steigen über die Felsen zum Durchlass und gehen zum Wegweiser am Abzweig zu den Höhlen. Über einen kurzen Verbindungsweg erreichen wir die Waldstraße, um ihr dann nach rechts zu folgen. Die mit Nadeln bedeckte Piste steigt bald nach links an und bringt uns zum Sattel Moriscos mit dem Steinkreuz Cruz de Moriscos. Es wurde 1913 hier aufgestellt. Wir ignorieren alle Wegweiser und Abzweigungen und wandern weiter auf der Forststraße unter Edelkastanien und bald durch einen Kiefernwald.

An einer T-Kreuzung halten wir uns rechts. Links führt der Weg nach Teror. Wir wandern in sanftem Anstieg durch lichtes Gelände bis zu einer Weggabelung. Hier sind wir erst vor einer Stunde auf den Waldpfad abgebogen. Die Runde ist hiermit geschlossen. Nun schlendern wir entspannt auf bereits bekanntem Weg zurück zum Hotel Parador de Cruz de Tejeda.

Coruña
La Umbria
1255
1266
Cruz de Valerón
GC-220
Cruz de Cazadores
El Tablado
GC-224
1517
MON. NAT. DEL
MONTAÑÓN NEGRO
GC-217
Pista de Motocross
GC-150
1669
Montañón Negro
Cruz de Acusa
Los Cañascales
Las Cuevas
Las Arbejas
1601
1619
GC-210
GC-275
GC-21
1613
La Cilla
Caserío Chajunso
Puente Carel
de la Arena
1338
Moriscos
Artenara
Ermita la Cuevita
1651
1773
1761
1108
1182
Morro de los Cuervos
1461
Cuevas de Caballero
1053
1522
Degollada de las Palomas
Ventanieves
Hoya de la
Desmontadilla
GC-210
El Majuelo
Guardaya de Arriba
El Tabladillo
El Rincón
Llano Hondón
La Caldereta
1047
Guardaya
GC-15
849
La Solana
787
La Higuerilla
La Degollada
Los Reyes
Cuevas del Rey
1104
1103
Tejeda
1092
Roque
Bentayga
19
1415
GC-607
Bar
688
La Solana
El Espinillo
Casas de la Umbría
GC-60
Cruz de
Timagada
803
Lomo de
1221
El Chorillo
La Solana
Morados
Casas del Lomo
El Manantial
1303
1322
1321
Degollada de la Moradas
1141
1201
Cruz de Timagada
Roque de los Pérez
Lomo Prieto
1081
1663
1142
P A R Q U E   R U R A L   D E L   N U B L O
Fuente de la Zarza
1025
993
Toscón de Arriba
Lomo de los
Marrubois
1803
Roque Nublo
Degollada
Blanca
El Toscón
1401
Timagada
Roque Nublo
1737
1351
1731
Montaña
del Aserrador
1683
1554
Lomo de
la Solaneta
Montaña del Humo
1489
1345
1686
El Montañón
1387
Montaña del
Aserrador
La Biblioteca
GC-606
Degollada del
Aserrador
Ayacata
GC-661
Casa Melo
El Juncal
Los Canadorres
1473
GC60
1629
1637
La Cañada
1226
El Rincon de Yaria
El Mimbre
Pared del
Fronton
Las Mesillas
Juncal de Abajo
Lomo de los
Almacenes
GC-605
El Mimbre
0   500m
Casa Forestal de Pajonales
Risco del Tablero
1471
Cuevas de Pajonales
1486
1523
1414
Montaña de los Jarones
1386
Lomo de la Candelilla
1225

Sightseeingtour 19

Roque Bentayga
Natursehenswürdigkeit im Biosphärenreservat von Gran Canaria

DAUER	0h 45min
LÄNGE	1,2 km
HÖHENMETER	100 hm
SCHWIERIGKEIT	LEICHT
MIT ÖPNV ERREICHBAR	ja

Das erwartet dich ...

Die Wanderung ist sehr kurz und verläuft anfangs auf gut trassierten und gepflasterten Wegen. Später wird es ein wenig steiniger und ein teilweise in den Felsen gehauener Pfad ist mit Hilfe einiger Stahlseile zu überwinden. Mit festem Schuhwerk lassen sich diese Abschnitte wesentlich einfacher bewältigen. Insgesamt gibt es auf der Tour jedoch keine ausgesetzten Stellen.

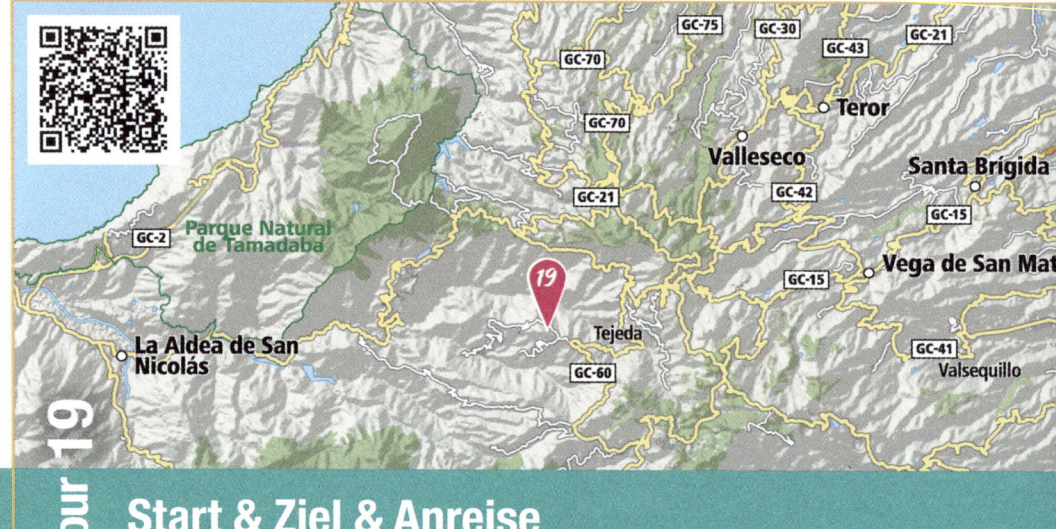

Start & Ziel & Anreise

Ausgangspunkt ist das Besucherzentrum unterhalb des Roque Bentayga. Wir erreichen es über eine Stichstraße, die von der GC-60 abzweigt und nach 3,5 km den Parkplatz erreicht. Von Las Palmas fährt der Bus Nr. 303 nach San Mateo. Hier steigen wir in den Bus Nr. 305 nach Tejedo um.

Tourenbeschreibung

Der Roque Bentayga ist eine der großen Sehenswürdigkeiten auf Gran Canaria. Die bizarren Formen dieser vulkanischen Landschaft sind extrem faszinierend. In seiner Bekanntheit gleicht er wohl dem Roque Nublo. Der Roque Bentayga und der Roque Nublo sind beide Teil des Biosphärenreservats, das einen Großteil des Inselzentrums umfasst. Doch auch die historischen Aspekte machen die Felsnadel im Zentrum der Insel zu einem magischen Ort. Hier spüren wir, wie verwoben die herrliche Natur mit der geheimnisvollen Welt der kanarischen Ureinwohner ist. Umgeben von Mandelbaumhainen, die im Spätwinter ihre Blüten entfalten, ragt der 1415 m hohe Roque Bentayga in die Höhe. Zu den Felsen der Bentayga-Gruppe gehören weitere Monolithen wie der Roque Camello, der auch Anden del Tabacalete genannt wird.

Unser Wanderweg ist nur 600 Meter lang und überwindet auf dieser Strecke gute 100 Höhenmeter. Tagsüber hat das kleine Besucherzentrum jeden Tag von 10 bis 17 Uhr geöffnet, dann können wir mit dem Auto bis zum Parkplatz fahren. Der Eintritt ist frei. Falls die Schranken doch einmal geschlossen sein sollten, dann müssen wir die zwei Kilometer zum Besucherzentrum zu Fuß zurücklegen. Vom Parkplatz aus laufen wir erst einmal zum Gebäude des Besucherzentrums, das sich wunderbar in die Landschaft eingefügt hat. Hier können und sollten wir uns auch unbedingt kurz informieren, um die folgenden Eindrücke besser einordnen zu können. Mit Schautafeln, Videopaneelen und Schaustücken wird die Welt der Aborigén erklärt und Fundstücke aus den Höhlen des Bentayga gezeigt. Außerdem erhalten wir detaillierte Informationen über die wichtigsten Riten der prähistorischen Zeit.

Direkt vor dem Gebäude befindet sich eine Informationstafel. Sie zeigt uns den Verlauf des Weges und erklärt die wichtigsten Sehenswürdigkeiten. Rund die Hälfte des Weges ist trassiert und gut ausgebaut. Dann leitet uns ein zum Teil schmaler Felspfad unmittelbar bis zum Fuß des Felsen. Schließlich überwinden wir eine Treppe mittels eines Seilgeländers. Sie ist in den Felsen gehauen und ist teils steil, also setzen wir unsere Tritte umsichtig. Dann stehen wir am symbolträchtigen Platz. Auf ihm befindet sich ein in Stein gehauenes Wasserbecken, das von Höhlen umgeben wird. Sie wurden in luftiger Höhe über dem Abgrund angelegt. Der Felsvorsprung an der Ostseite des Bentayga wird als Almogarén bezeichnet. Das ist eine Kultstätte der Altkanaren. In früheren Zeiten haben sie hier ihre Gottheiten verehrt und um Sonne und Regen gebeten. Zurück zum Besucherzentrum geht's über den selben Weg.

Autoren Tipp

In der näheren Umgebung gibt es ein paar weitere Kultstätten, Gräber und auch Höhlenmalereien. Cuevas del Rey und El Roque sind nur 3 km entfernt; dort verteilen sie sich auf einer Ost-West-Achse von zwei Kilometer Länge. Die Cueva del Rey ist mit den Ausmaßen von 20 Metern Länge und 11,3 m Breite die größte Höhle der Bentayga-Felsen.

20

Kulturtour

Las Lagunetas
Über den Mirador de Becerra nach Utiaca

DAUER	3h 30min
LÄNGE	10,4 km
HÖHENMETER	100 hm
SCHWIERIGKEIT	MITTEL
MIT ÖPNV ERREICHBAR	ja

Das erwartet dich ...

Die Wanderung ist sehr leicht und führt uns über gut ausgebaute Wanderpfade und schmale, teils asphaltierte Wirtschaftswege zum Mirador de Becerra. In Las Lagunetas gibt es mit dem Terra Guanche eine tolle Einkehrmöglichkeit und sogar einen Souvenirladen. Im Untergeschoss versteckt sich ein vorzüglicher Wein- und Käsekeller.

Start & Ziel & Anreise

Unser Startpunkt ist Cruz de Tejeda. Parkmöglichkeiten gibt es am Hotel Parador an der Südwestseite. Der Ausgangspunkt ist beim linken Wegweiser. Aus Osten erreichen wir den Ausgangspunkt über die GC-400, aus Westen über die GC-210. Von Las Palmas fährt der Bus Nr. 303 nach San Mateo. Hier steigen wir in den Bus Nr. 308 um, der uns direkt zum Cruz de Tejeda bringt.

Tourenbeschreibung

Bei Cruz de Tejeda halten wir zunächst nach den gelb-weißen Markierungen Aus-schau, die Richtung Culata oder Ajacata führen. Schnell haben wir den Aussichts-punkt Mirador de Becerra erreicht. Hier folgen wir ca. 500 Meter der Straße nach Süden hinauf. An einem Wegweiser halten wir uns links auf eine Betonpiste und stoßen nach fünf Minuten an eine T-Kreuzung. Wir folgen ihr nach links hinab und verlassen sie gleich beim nächsten Wegweiser auf einen Feldweg. Er bringt uns zu einem alten Gehöft. Der Wegverlauf biegt nach rechts zu einem Saumpfad in den Taleinschnitt. Dann wandern wir über einige Serpentinen an Staubecken heran, queren einen Fahrweg und schlängeln uns mit dem Weg durch die Kultur-landschaft hinab. An einem weiteren Fahrweg biegen wir rechts ab und folgen ihm bis zur Einmündung in die GC-15. Wir queren die Straße und folgen dem Wegweiser in der markanten Kurve. Er schickt uns nach links durch den Weiler El Portillo.

Über einen alten Treppenweg gelangen wir schließlich an die Dorfstraße von Las Lagunetas. Sie leitet uns zum Hauptplatz des Ortes. Im Restaurant Moren, neben der Kirche, kocht die Wirtin noch selbst. Und auch den Souvenirladen sollte man nicht außer Acht lassen. Er bietet typisch, kanarische Handarbeiten und überrascht mit einem Wein- und Käsekeller, in den der Hausherr zur Verkostung lädt. Die Produkte haben eine hohe Qualität, so kann man getrost eine Flasche Rotwein Agala Altitud oder prämierten Schaf- oder Ziegenkäse mitnehmen.

Nach einer genussvollen Verkostung oder einer kleinen Pause im Restaurant setzen wir unseren Weg links hinter der Kirche fort. Abfließendes Regenwasser hat sich in tausenden von Jahren tief durch den Fels geschnitten. Wasserreichtum und fruchtbare Böden begünstigten eine bedeutende landwirtschaftliche Produktion. Vielen Waren, die in San Mateo auf dem Sonntagsmarkt angeboten werden, stammen aus dieser Region. Über eine Treppe verlassen wir den Kirchplatz zu einer asphaltierten Straße. Sie führt uns in nordöstlicher Richtung rund um das Dorf. Am Ende der Straße nach ca. 200 Metern stoßen wir auf einen Schotterweg, der bald in einen Feldweg und schließlich in einen Saumpfad übergeht. Nach ein paar dicht bewachsenen Hängen schwenkt die Route nach links und steigt dann mit vielen kleinen Kehren auf den Grund des Barranco Las Lagunetas.

An einem Haus mit Veranda nehmen wir ein paar Treppen zur Straße hinauf. Sie ist wechselnd mit Asphalt und Beton befestigt und bringt uns nach rechts ein paar hundert Meter bis zu einer Kurve. Wir behalten die Richtung bei und wandern von Dißgras und Kanarischer Weide begleitet auf der schmalen Schotterpiste weiter talauswärts. Am Restaurant Guiniguada gibt es ein Lavadero, an dem wir auch die GC-42 bei Las Huertas erreichen. Wir folgen ihr nach links 700 Meter bis ins Dorfzentrum von Utiaca. Unterhalb der Kirche endet unsere Wanderung.

Autoren Tipp

„Trockenlandwirtschaft" wird bereits seit der Zeit der spanischen Eroberung betrieben. Sie basiert auf traditionellen Techniken wie Fruchtfolge, die durch zwei- und dreijährige Rotationen der Feldfrüchte verfolgt. In Utiaca werden vor allem Obst, Gemüse, Knollen und Hülsenfrüchte angebaut. Das Wasser dafür stammt aus dem Barranco de la Mina. Bezahlt wurde früher in der Region mit dem Tausch von Produkten und Waren, ohne Einbezug von Geld.

MON. NAT. DEL MONTAÑÓN NEGRO
GC-150
GC-21
1517
1669
Montañón Negro
1601
1619
1613
Fuente Carco de la Arena
Las Montañetas
1279
1248
Madrelagua
Piedra
San Isidro
Lomo la Solana
1263
Presa de Aríñez
Cruz del Herrero
GC-400
Ermita de Maria Auxiliadora
Arínez
Cuevas del Corcho
GC-230
Lomo Mangrera
PAISAJE
Moriscos
1651
1773
1761
Cuevas de Caballero
Degollada de las Palomas
El Peñón
1598
Galas
1442
Risco Prieto
El Lomito
1185
Monte Constantino
1711
GC-210
El Majuelo
Cruz de Tejeda
Paso Cruz de Tejeda
(Cumbrepass)
1510
Bar
El Estanco
El Vincol
La Capellanía
San Francisco
Las Lagunetas
1252
Embalse de Antona
El Portillo
Bco. de Antona
El Rincón
Parador
El Refugio
Montaña de las Arenas
1425
Guardaya
GC-15
La Solana
La Degollada
Morro de la Armonía
1652
Las Longueras
La Corte
1167
GC-600
GC-156
PROTEGIDO
Tejeda
1589
1602
Embalse de la Siberia
Cueva Grande
1305
Montaña de la Caldereta
Bar
Cuevas Caídas
Mirador de Becerra
GC-608
Cruz de Timagada
GC-60
Juan Gómez
1582
Ermita de San Juan Bautista
1378
Camaretas
Lomo de
1221
Casas del Lomo
Morados
1303
1322
1321
Montaña del Andén del Toro
1727
1501
DE LAS CUMBRES
1771
Los Manantiales
1201
Cruz de Timagada
Degollada de la Moradas
1324
La Culata
Cruz de Llanos de la Paz
Las Casillas
El Salado
1663
Bar
Fuente de la Zarza
GC-130
1793
Roque Nublo
1803
Degollada Blanca
Campamento Llanos de la Pez Pargana
Llanos del Garañón
1806
1777
Cruz del Saucillo
Montaña del Aserrador
1737
Roque de San Jose
1581
La Goleta
Embalse de los Hornos
Morro de la Salvia
1834
GC-134
Corral de los Suncos
Las Mesas
Piedras Blancas
1686
1683
1731
1565
Montaña del Aserrador
Degollada del Aserrador
1554
Bailico
Pico de las Nieves
1949
1917
Schneegrube
GC-135
El Montanón
La Biblioteca
Fuente las Lajas
GC-600
Ayacata
Casa Melo
GC60
1629
1637
Los Tabuquillos
MONUMENTO NATURAL
RISCOS DE TIRAJANA
1473
El Rincón de Yaria
El Mimbre
Pared del Frontón
El Montanon
1741
1721
Degollada de los Hornos
1917
1904
GC-605
El Mimbre
Fuente de las Hiedras
1817
1792
1803
Lomo de la Candelilla
El Cuchillón
1713
Puntón de la Agujereada
Los Caideros Altos
Lomo de Vera
1386
1311
La Culata
1523
1225
La Candelilla
Las Candelillas
La Candelilla
Agualatente
0
500 m
21

Vulkantour 21

La Culata

Große Runde an der Abbruchkante und durch die Caldera

DAUER	6h
LÄNGE	18 km
HÖHENMETER	530 hm
SCHWIERIGKEIT	MITTEL
MIT ÖPNV ERREICHBAR	ja

Das erwartet dich ...

Die Wanderung ist lang und recht ausgedehnt. Technisch stellt sie aber keine Probleme dar. Sie verläuft stets über gut trassierte Saumpfade, Dorf- und Forststraßen. Die Landschaft zu Füßen des Pico de las Nieves ist atemberaubend. Die Gebirgsregion ist lieblich und sanft, das Landschaftsbild wird von Kiefernwäldern und Mandelbaumplantagen geprägt.

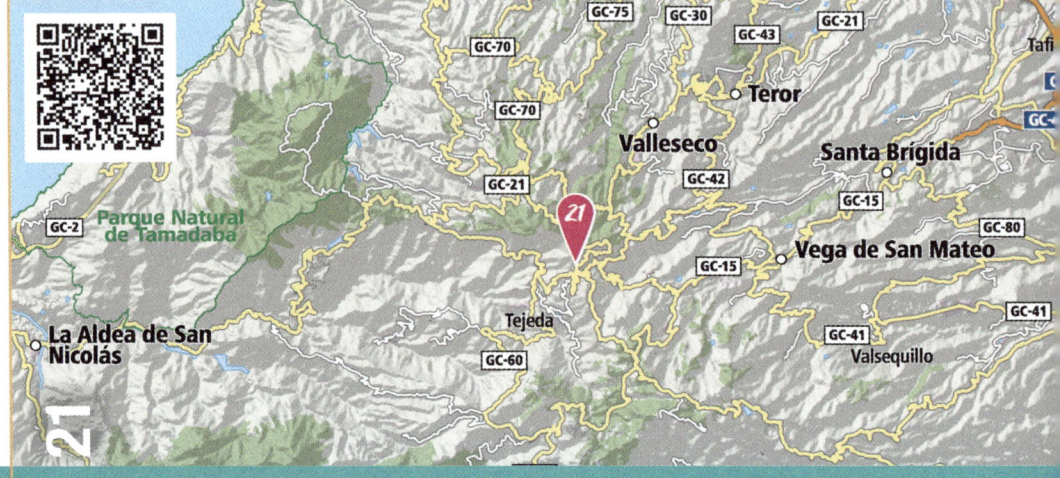

Start & Ziel & Anreise

Ausgangspunkt ist Cruz de Tejeda, genau am Kreuzungspunkt der Straßen GC-15, GC-150 und GC-130. Aus Osten erreichen wir den Ausgangspunkt über die GC-400, aus Westen über die GC-210. Von Las Palmas fährt der Bus Nr. 303 nach San Mateo. Hier steigen wir in den Bus Nr. 308 um, der uns direkt zum Cruz de Tejeda bringt.

Tourenbeschreibung

Unsere Wanderung bringt uns vom Cruz de Tejeda zunächst am Rand der Caldera entlang. Dann gelangen wir zu den Kiefernwäldern Llanos de la Paz. Nach der Caldera betreten wir das hübsche kleine Dorf Culata zu Füßen des Roque Nublo und kehren zur Abbruchkante zurück. Die Runde endet wieder am Cruz de Tejeda.

Los geht's gegenüber dem Nationalhotel Parador Cruz de Tejeda. Ein alter Saumpfad führt zwischen den Restaurants entlang. Er verband früher die Dörfer der Caldera. Kurz laufen wir über gepflasterten Weg, dann bringt uns der Saumpfad über offenes Gelände abwärts. Entlang der Abbruchkante wechseln wir immer wieder mal in den Wald. Nach der bewaldeten Kuppe Morro de la Armonia stoßen wir wieder auf die GC-150. Schnell setzt sich der Saumpfad jedoch wieder fort und führt über eine nächste Kuppe. Ein paar Minuten, nachdem wir ein Landhaus passiert haben, stehen wir an der Aussichtsterrasse Mirador de Becerra. Dahinter schickt uns ein Hinweisschild (PR-GC-40) wieder bergan und nach zehn Minuten an eine Weggabelung. Von links mündet hier unser Rückweg von der Montaña del Andén del Toro ein. Wunderschön leitet uns der trassierte Saumpfad teilweise sehr steil die breiten Serpentinen am Calderahang hinab. Nach zwanzig Minuten erreichen wir eine Abzweigung. Wir wählen den linken, längeren, aber sehr bequemen Weg nach La Culata. Eine Weile halten wir die Höhe und folgen einer Wasserleitung, die von der Fuente del Ancón ausgeht. Nach ein paar mit Zäunen versicherten Abschnitten erreichen wir einen Geländerücken, über den wir steil hinab wandern.

Am obersten Rand vom Kanarendörfchen La Culata steht die Finca La Palmita. Hier wechseln wir auf die Dorfstraße und folgen der steilen Betonpiste hinab. Der Weg ist nun gut mit Holzpfosten bzw. gelben Rauten markiert. Wir laufen in den Dorfkern, zwischendurch steigen wir immer wieder Treppenwege hinab. Bei einer kleinen Bar haben wir die Möglichkeit, eine Erfrischung einzunehmen. Dann steigen wir eine Straße hinauf, die von der Bar wegführt. Bald zweigt nach links ein Saumpfad ab. Er ist gut mit Wegweisern markiert. Wir wandern durch den Barranco und über eine steile Betonpiste durch den Weiler La Horteguilla hindurch bis zum oberen Ende. In einer Rechtskurve beginnt der Saumpfad nach Cruz de Juan Peréz. Der gut trassierte Pfad steigt über Serpentinen in den mit Kiefernwald bewachsenen Hang zu Füßen des Roque Nublo hinein. An einer Weggabelung halten wir uns rechs, weiter bergan. Wir passieren ein Bachbett, dann ein Steinhaus. Danach umgehen wir eine bewaldete Hangnase. Eine dreiviertel Stunde später erreichen wir den Pfad, der von Cruz de Juan Peréz kommt. Wir folgen ihm nach links und gelangen beinahe eben in gut 15 Minuten zur Steinterrasse am Ausgangspunkt der Wege zum Roque Nublo an der GC-600.

Wir spazieren nun gut 300 Meter an der Straße nach links zum Aussichtsfelsen La Goleta. Wieder am Saumpfad, steigen wir nun auf steiniger Trasse abwärts und erreichen so den Stausee Presa de los Hornos. Mit der Staumauer überqueren wir den Barranco und wandern am gegenüberliegenden Ufer weiter auf dem trassierten Weg durch einen schönen Kiefernwald zum Campingareal Llanos de la Pez Pargana. Bei der Zufahrt halten wir uns links und umrunden das Gelände auf der Westseite. Über die weitere Zufahrtsstraße erreichen wir einen Wegweiser. Er schickt uns nach links auf einen Waldpfad. Bald darauf überqueren wir die Straße zum Wohnmobil-Campingplatz. Dann wandern wir in einen Taleinschnitt hinab. Wir durchqueren ihn und erreichen die Zufahrt zu einem Privathaus. Unsere Route leitet uns weiter geradeaus, dann überquert sie die bewaldete Kuppe Montaña del Andén del Toro. Schließlich steigen wir zu einer Weggabelung hinab. Von hier aus kehren wir auf bereits bekanntem Weg zum Cruz de Tejeda zurück.

1522　1651　1761
Cuevas de Caballero
Degollada de las Palomas
El Penón　Galas
1598　1442
GC-150　GC-230
GC-210
Monte Constantino
1711
El Majuelo
Cruz de Tejeda　Paso Cruz de Tejeda
Parador　(Cumbrepass)
Guardaya de Arriba
El Rincón
Montaña de las Arenas　1510　Bar　El Estanco
La Caldereta
1047　GC-15
El Refugio　GC-15　Las Longueras
Guardaya
849
La Solana
Morro de la Armonia
1652　La Corte
La Degollada
1104
1103
Roque
Bentayga　GC-607
1092　1415
GC-156
1589
1602
Tejeda
Bar
Casas de la Umbría　GC-60
Cuevas Caidas　Mirador
de Becerra
El Espinillo
Cruz de
Timagada　GC-608
Juan Gómez　1582
Lomo de
1221
Morados
1303
1322　1321
Casas del Lomo
Montaña del Andén del Toro　1727
1771
La Solana
1141　1201
Cruz de Timagada
Degollada de la Moradas
1324　La Cuiata
1600
Lomo de los
Marrubois
1401
1351　Timagada
Fuente de la Zarza
1663
1803　Roque Nublo
Degollada
Blanca　Bar
GC-600
Roque Nublo
Montaña
del Aserrador
1686　1683
1737
1731　22
Roque de San José
1581
1554　1565
Campamento
Llanos de la
Pez Pargana
La Goleta
Embalse de
los Hornos
Llanos del
Garañón
Las Mesas
Montaña del Humo　GC-606
1489
1345
Montaña del
Aserrador
Degollada del
Aserrador
El Montañón
La Biblioteca
GC-600
Bailico
1387　GC-661
1473　1629
1637
El Rincón de Yaria
El Mimbre
Fuente las Lajas
Ayacata　Casa Melo
El Montanon
1741
1721　Degollada
de los Hornos
Los Tabuquillos
El Juncal
Los Canadorres
GC-605
El Mimbre
1817　1792　1803
Lomo de los
Almacenes
1471
El Cuchillón　1713
Puntón de la Aguijereada
1414　1486
1386
Montaña de los Jarones
Lomo de la Candelilla
1523
1268
1241
Cruz Quemada
1213
Junta de los Barrancos
1225
La Candelilla
Las Candelillas
La Candelilla
Sequero Alto
Los Caideros
Cueva las Niñas
El Espigón
1272
Paso Herradura
1599　1618
1051
Morro de Santiago
1292
1253　GC-604
Venta de la Cruz Grande
GC60
1123
La Plata
Cruz Grande
0　500m
1003
Hoyates de Arriba
Cuevas Blancas
Paso de la Herradura
22

Roque Nublo

Große Runde durch die Bergwelt des Zentrums

DAUER	4h 30min
LÄNGE	12 km
HÖHENMETER	450 hm
SCHWIERIGKEIT	MITTEL
MIT ÖPNV ERREICHBAR	ja

Das erwartet dich ...

Die mittelschwere Rundwanderung führt über steinige Bergpfade, teils auch über verwachsene Saumpfade. Zwei Kilometer wandern wir auf asphaltierter Straße, um die Pfadabschnitte zu verbinden. Die Route ist zwar teilweise markiert und mit Wegweisern versehen, an manchen Stellen benötigen wir dennoch gutes Orientierungsvermögen. Belohnt werden wir mit der bizarren Bergwelt des Lavastockes und Aussichten auf atemberaubende Steilwände.

Bergtour

Start & Ziel & Anreise

Unser Ausgangspunkt ist der Parkplatz an der Degollata La Goleda. Mit dem Auto fahren wir den Parkplatz am Besten über die GC-60 sowohl aus nördlicher wie auch aus südlicher Richtung an. Bei Ayacata wechseln wir auf die GC-600 bis zum Ausgangspunkt. Mit der Buslinie 303 geht's von San Telmo bis Maspalomas. Hier steigen wir in die Linie Nr. 18 zum Roque Nublo um.

Tourenbeschreibung

Auf unserer Runde in der Montaña del Aserrador erschließen sich traumhafte Einblicke in die Grate, Felsnadel, Steilwände und schroffen Täler. Im Hintergrund thront über allem stets der Roque Nublo. In der Mitte der Wanderung führt uns ein alter Saumpfad, der jedoch sehr verwachsen sein kann. Zu guter Letzt steigen wir wieder zum Ausgangspunkt hinauf und gelangen zum kleinen Dörfchen La Caluta. Vom Parkplatz La Goleta folgen wir dem breiten Weg geradeaus zum Roque Nublo. An der Gabelung im Kiefernwald halten wir uns links und steigen über einige Serpentinen eine Steilstufe empor. Kurz unter dem Felsplateau mit der Felsnadel schickt uns ein Wegweiser nach Asserador auf einen schmäleren Pfad hinab in den Kiefernwald. Der Weg ist zwar schön schattig, teils aber auch ein wenig rutschig. An der nächsten Gabel folgen wir einem Pfad nach rechts nach La Culata. Der Weg führt geradeaus und quert die Hänge unterhalb eines riesigen

Felsmonolithen. Mit schönen Blicken auf La Culata und Juan Gómez ändern wir bald die Richtung.

Nach der Umrundung des Felsstockes, auf dem der Roque Nublo thront, schauen wir in den Barranquillo del Toscón. Eine Abzweigung zum Roque Nublo ignorieren wir und wandern geradeaus in die schroffe Landschaft. Es geht über Felsbänder und an Steinmännchen entlang. Der Weg ist zumeist gut trassiert und nur im Bereich der Felsplatten etwas undeutlich. Vorsicht, bei Nässe kann es hier rutschig werden. Schließlich führen uns einige Serpentinen durch herrlichen Bewuchs hinab. Große Lavablöcke und rötliche Felsplatten begleiten uns, bis wir ins Tal Lomo del Aserrador eintreten. Bald rauscht neben uns auch ein Bächlein, das der Grund für diesen Taleinschnitt ist. Oberhalb des Sees schwenkt unsere Route nach rechts und schlängelt sich in einem Hangeinschnitt hinab. Über einen Gegenanstieg erreichen wir einen weiteren Sattel, der uns herrliche Blicke auf das Tal unterhalb von Ayacata freigibt. Es folgt ein Quergang, dann steigen wir einen Saumpfad hinab bis zu einer Hausruine an der GC-60. Auf der Straße nach rechts hinab geht's bis zur Kreuzung Degollada del Aserrador. Hier treffen wir auf zwei Wegweiser, einer steht an der Straße, der zweite etwas unterhalb. Wir biegen nach rechts auf einen Saumpfad ein. Der alte, gut trassierte Saumpfad führt verwachsen und durch dichtes Gebüsch parallel unterhalb der Straße. Mit einigem Auf und Nieder wandern wir bis zu einer verwilderten Wiese, queren sie und stoßen auf den Weiler Timagada. Hier führt uns die Fahrstraße hinauf zur GC-60. Wir folgen ihr ein paar hundert Meter, dann zweigt in einer markanten Linkskurve eine Steinrampe ab und ein Wegweiser schickt uns zum Cruz de Timagada. Vom Sattel aus bieten sich herrliche Blicke auf Tejeda, dazu gibt es einen Brunnen und ein paar Steinbänke. Das rechte Wegschild weist uns auf einen Saumpfad. Er führt uns sanft auf und ab durch Mandelbaumhaine und Grasland nach La Culata. Der angenehme Pfad leitet uns in 45 Minuten in die Hänge oberhalb von La Culata. Die Abzweigung nach Tejeda ignorieren wir. Oberhalb von La Culata endet der Hirtensteig bei einer Finca. Ein Wegweiser schickt uns zunächst links über eine Betonrampe hinab. Dann biegen wir gleich rechts auf einen Saumpfad ähnlichen Weg ein. Wir durchqueren mit ihm den Barrancogrund, unterqueren eine Wasserleitung und steigen ins Dörfchen hinauf. Das letzte Stück bis zum großen Platz am Ende der GC-608 führt über Betonrampen und steile Dorfstraßen.

Für den Rückweg wandern wir auf der schmalen Dorfstraße vorbei an einer Bar und einem Geschäft bis zu einem Wegweiser. Er schickt uns nach rechts auf einen Saumpfad. Nach dem Oberlauf des Barranco geht's hinauf in den Ortsteil El Horetiguilla. Am oberen Ortsrand folgen wir wieder einem Saumpfad über Serpentinen bergan. Nach 350 hm auf gut trassiertem Weg erreichen wir zuletzt über Stufen die gepflasterte Plattform am Parkplatz La Goleta.

Bergtour

Pico de las Nieves

Auf Gran Canarias höchsten Berg

DAUER	2h 30min
LÄNGE	7 km
HÖHENMETER	320 hm
SCHWIERIGKEIT	MITTEL
MIT ÖPNV ERREICHBAR	nein

Das erwartet dich ...

Heute erkunden wir den höchsten Berg Gran Canarias – jedoch nur bedingt zu Fuß, die Straße endet knapp unter dem Gipfel. Auf dem gut ausgebauten Jakobsweg führt die Runde später auch über Waldpfade und Forstpisten. Der Aufstieg von der Degollada Piedras Blancas ist etwas steil und rutschig. Unterwegs streifen wir neben dem Gipfel noch weitere Aussichtspunkte und einen herrlichen Kiefernwald.

Teror

GC-70

Valleseco

GC-21

GC-42

Santa Brígida

GC-15

GC-80

natural
de Tamadaba

GC-2

GC-15

Vega de San Mateo

GC-41

La Aldea de San
Nicolás

Tejeda

23

GC-41

GC-60

Valsequillo

GC-60

Start & Ziel & Anreise

Los geht es am Freizeitareal Llanos de la Pez auf dem Waldplateau zu Füßen des Pico de las Nieves. Mit dem Auto fahren wir den Parkplatz am Besten über die GC-60 sowohl aus nördlicher wie auch aus südlicher Richtung an. Bei Ayacata wechseln wir auf die GC-600 bis zum Ausgangspunkt. Parkmöglichkeiten gibt es hinter dem Campingplatz.

Tourenbeschreibung

Die kleine Runde ist eine spannende Kombination von markierten Wanderwegen und einer Forststraße, die letztendlich die Tour als Runde ermöglicht. Von dem großen Freizeitareal Llanos de la Pez starten wir die Wanderung. Hier gibt es Rast-bänke und einige Möglichkeiten zum Grillen. Auch ein Imbissstand erwartet die Besucher, er hat jedoch nur während der Saison täglich geöffnet, ansonsten an den Wochenenden. Am südlichen Straßenrand bei der Infotafel zum Nieves-Pla-teau befindet sich ein Wegweiser. Hier richten wir uns nach dem Zeichen des Jakobsweges und wenden uns zunächst nach rechts. In sanftem Auf und Nieder wandern wir parallel zur Fahrstraße GC-600. Bald zieht der Weg nach links und steigt in den Wald hinauf. Er ist gut trassiert und bringt uns nach 1,3 km an einen wichtigen Kreuzungspunkt auf der Degollada de los Hornos.

Hier teilt sich unser Weg. Den Pfad nach rechts ignorieren wir – er würde uns zum Cruz Grande und zum Montañon führen. Nach links geht's weiter zum Pico de las Nieves hinauf. Nach 800 Metern stehen wir an der Degollada de los Gatos. Wir halten uns nach Nordosten und wandern über den bewaldeten Gratrücken bis zu einer Gabelung. Hier bleiben wir auf dem Hauptweg weiter bergan. Eine gute Stunde später erreichen wir den Pass Degollada Piedras Blancas. Er ist mit einer weißen Betonsäule gekennzeichnet. Nun folgt der Schlussanstieg auf dem immer steiler werdenden Weg in einer halben Stunde zum Gipfel. Der Pfad mündet knapp unterhalb des Parkplatzes in die Zufahrtsstraße. Rechts oben liegt der Aussichtspunkt, von dem wir über einen in den Fels gehauenen Weg zum Gipfel des Pico de las Nieves emporsteigen können.

Über den Gipfelanstieg steigen wir auch wieder hinab zum Pass Degollada Piedras Blancas. An der bekannten Weggabelung biegen wir nun rechts ein und lassen uns von Steinmännchen über einen Pfad hinab in den Kiefernwald führen. Später wandern wir an einem Bacheinschnitt entlang zu einer Forststraße. Sie bringt uns nach rechts zu einer Schutzhütte, die als Ferienlager genutzt wird. Wir ignorieren alle abzweigenden Wege und laufen mit der Forststraße Richtung Nordwesten, bis wir nach einem knappen Kilometer wieder am Freizeitlager anlangen.

24

Bergtour

Zu den Schneelöchern
Im Süden des Pico de las Nieves

DAUER	3h 15min
LÄNGE	8,7 km
HÖHENMETER	350 hm
SCHWIERIGKEIT	MITTEL
MIT ÖPNV ERREICHBAR	nein

Das erwartet dich ...

Die Rundwanderung führt uns über Asphaltstraßen, Forstwege und Wandersteige. Auf Grund von fehlender Markierungen sollten wir ein wenig Orientierungssinn mitbringen. Am Gipfel erwartet uns eine tolle Aussicht von Gran Canarias höchstem Berg und auf die Schneelöcher. Auf dem Rückweg streifen wir die schöne Kulturlandschaft der Insel.

Bergtour

Start & Ziel & Anreise

Unser Ausgangspunkt ist die Straßenkreuzung an der Zufahrt zum Pico de las Nieves. Sie liegt 1 km oberhalb der Abzweigung von der GC-130, über die wir sowohl von Westen wie auch von Osten anfahren. Parkmöglichkeiten befinden sich am Straßenrand. Es gibt keine öffentliche Busverbindung zum Ausgangpunkt. Von San Mateo können wir uns jedoch ein Taxi nehmen.

Tourenbeschreibung

Vom Geländer gesicherten Schneeloch überqueren wir den südöstlich verlaufenden Rücken des Gebirgsstockes. Dabei begegnet uns eine Sendeanlage nach der anderen. Auf dem Rückweg laufen wir ein Stück durch den Barranco Guadeque und durch alte Kulturlandschaft.

An der Kreuzung zur Gipfelzufahrt folgen wir einer schmalen asphaltierten Straße nach links Richtung Süden. Nach einem kleinen Parkplatz passieren wir linker Hand einen Hubschrauberlandeplatz. Dann steigt die Straße zu einer Kuppe an und windet sich über einige Serpentinen abwärts. Danach leitet uns die Asphaltstraße geradewegs sanft hinab, vorbei an Sendeanlagen und zu einer scharfen Rechtskurve. Hier nehmen wir einen Schotterweg, der sich nach links zieht und ca. 150 Meter später mit einer Haarnadelkurve nach rechts wendet. Wieder überwinden wir einige Serpentinen, diesmal über die Degollada de Bermeja. Dabei

wandern wir an einem aussichtsreichen Kamm entlang und bald in den Kiefernwald hinab.

Wir gehen ein gutes Stück hinab, dann stehen wir an einer T-Kreuzung. Wir ignorieren die rechte Abzweigung und wenden uns nach links auf die Schotterstraße. Sie bringt uns auf und nieder durch die Kulturlandschaft. Hinter einer Kuppe biegt die Straße scharf nach links. Unsere Route setzt sich jedoch geradeaus fort, ein Wegweiser schickt uns hier in bewaldetes Gelände. Auf diese Weise überqueren wir eine Kuppe, dahinter treffen wir an einem Wegweiser wieder auf die Straße. Wir steigen zur Straße GC-130 ab, auf die wir in einer Serpentine treffen. Wir folgen ihr ca. 800 Meter durch bewaldetes Gelände hinab und halten uns in der nächsten Serpentine geradeaus auf einen Feldweg. Vorbei an einigen Häusern gehen wir an der nächsten Weggabelung links (Abzweig nach San Mateo). Auf ansteigendem Weg durchqueren wir die Siedlung und treffen auf die GC-130. Wir begleiten sie gute 200 Meter, dann biegen wir noch vor der Rechtskurve nach links auf einen Schotterweg ab. Er bringt uns in den Wald an eine Weggabelung. Wir spazieren weiter geradeaus, nun auf einem Waldpfad. Kurz wird's mal steil, dann queren wir den oberen Hang des Taleinschnittes. Schließlich stehen wir am Schneeloch, das uns schon zu Beginn der Wanderung aufgefallen ist.

Senkrechte, glatte Wände umgeben das tiefe Felsenloch. Sie würden ein Entkommen unmöglich machen. Daher ist das Schneeloch auch von einem Zaun umgeben. Eine Infotafel klärt uns über das historische Phänomen auf. Vom Schneeloch führt ein gepflasterter Weg zur Asphaltstraße, auf der wir nach rechts nach 300 Metern die Straßenkreuzung und damit unseren Ausgangspunkt erreichen.

Autoren Tipp

Die so genannten Schneelöcher sind eine besondere Attraktion auf Gran Canaria. Es handelt sich dabei um tiefe Felsgruben, in denen früher der Schnee gesammelt wurde, um ihn im Sommer als Eis nutzen zu können. Schon am Ausgangspunkt stoßen wir auf eines dieser Löcher. Es befindet sich etwas unterhalb der Straße und ist mit einem Strohdach und einem Holzgeländer gesichert.

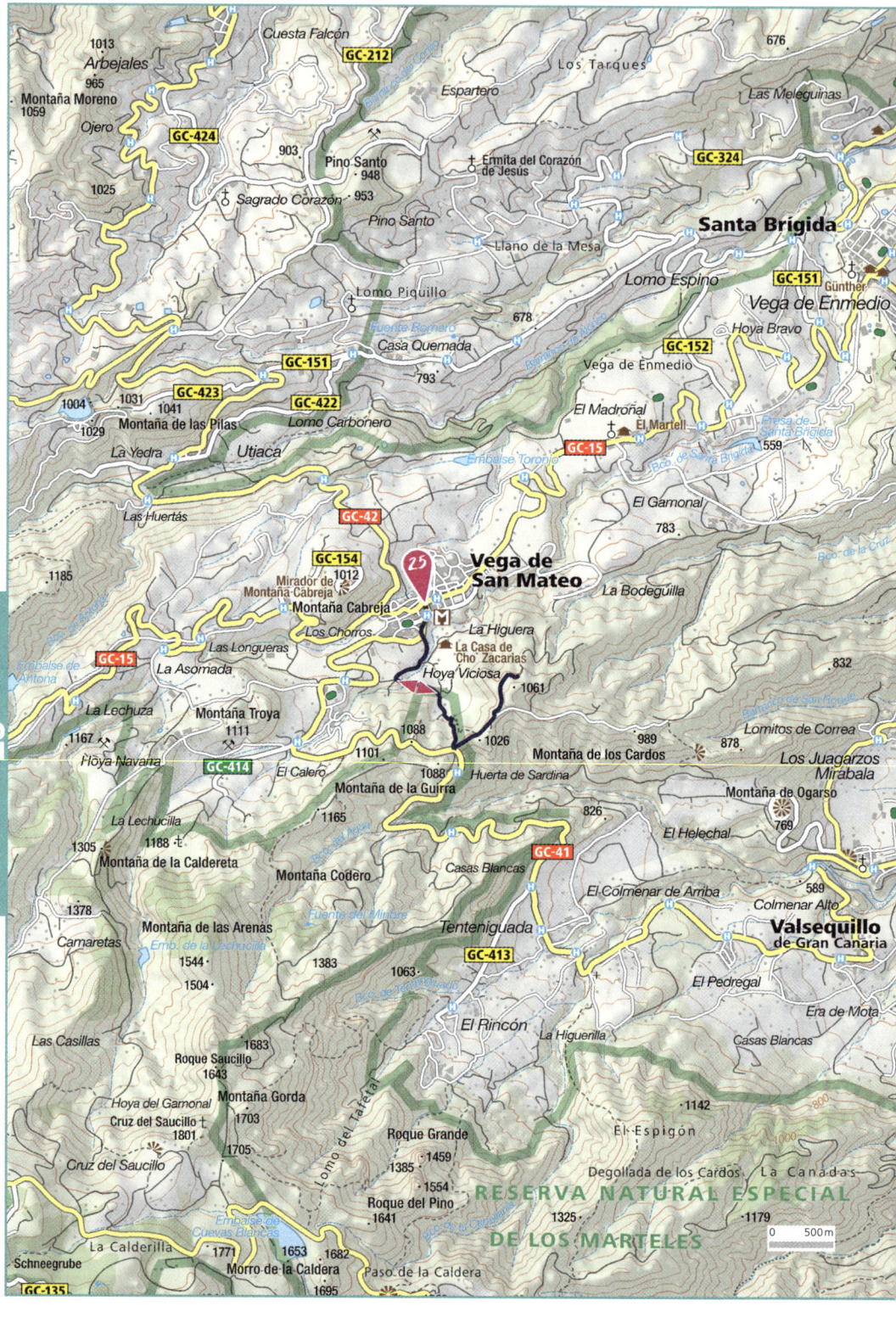

Aussichtstour 25

Montañon Arco de Martin
Auf einen aussichtsreichen Wallfahrtsberg

DAUER	1h 30min
LÄNGE	4,2 km
HÖHENMETER	270 hm
SCHWIERIGKEIT	LEICHT
MIT ÖPNV ERREICHBAR	ja

Das erwartet dich ...

Die heutige Tour ist eine kurze Streckenwanderung, die uns auf Dorfstraßen, einem alten Saumpfad und asphaltierten Feldwegen recht bequem zu einem schönen Aussichtspunkt führt. Die Route ist nicht markiert, bei klarer Sicht fällt die Orientierung jedoch nicht schwer. San Mateo bietet sich nach der Wanderung für eine kleine Shopping- und Sightseeing Runde an.

Start & Ziel & Anreise

Unser Startpunkt ist Vega de San Mateo. Mit dem PKW ist der Ort aus allen Richtungen hervorragend zu erreichen. Während wir von Norden über die GC-14 oder die GC-42 anreisen, enden von Süden her die GC-15 oder die GC-41 in San Mateo. Von der Estación San Telmo fährt der Bus Nr. 303 nach Vega de San Mateo.

Tourenbeschreibung

Vega de San Mateo ist einer der größeren Orte in der Bergregion Gran Canarias. Im Ortskern finden sich allerlei Geschäfte, viele Supermärkte und ein Busbahnhof, von dem die Buslinien in die wichtigsten Küstenorte fahren. Mit ihren zahlreichen Geschäften versorgt die Stadt gut alle umliegenden Orte bis Tejeda. Am Wochenende gibt es einen sehr schönen Markt, der einen Besuch lohnt. Unser Ziel, ein Aussichtspunkt hoch über dem Ort, wird von den Einheimischen für religiöse Feste verwendet und ist mit einem Kreuz gekennzeichnet.

Vom Busbahnhof in San Mateo schwenken wir nach links in die Straße nach Valsequillo ein. Vorbei an der Bar Los Parrancheros biegen wir nach links in eine Dorfstraße ab. Sie durchquert etwas später einen verbauten Barranco. Vorbei an verschiedenen Wohnhäusern wandern wir etwa einen Kilometer durch diesen Ortsteil von San Mateo leicht hinauf, ehe wir am Ende der Straße zwischen einem Haus mit Garagentor und einem eingezäunten Grundstück auf den alten Saumpfad wechseln. Er wird schnell zu einem Erdweg und leitet uns bald immer steiler an einer weißen Mauer entlang. Dann geht er direkt in einen alten, gepflasterten Pfad über. Über ein paar Spitzkehren steigen wir den mit Macchie und Kulturpflanzen bewachsenen Hang empor. Schließlich erreichen wir den Kamm des Hangrückens Arco de Martin. Über eine Steintreppe gelangen wir auf eine schmale Asphaltstraße, der wir nach links folgen.

Wir steigen wieder ein Stück hinunter zu einer weiteren Weggabelung. Nach links gewandt schwenkt die Route bald gen Norden. Knapp unterhalb der 90° Kurve teilt sie sich. Wir wechseln ein weiteres Mal nach links auf einen Feldweg und erreichen kurz darauf das Gipfelplateau des Montañòn Arco de Martin. Ein Großteil der Hänge ist hier mit üppiger, krautartiger Vegetation überwuchert. Der Wegrand wird von ein paar Mandelbäumen gesäumt. Nach einer Senke am Ende des Weges gehen wir durch die Absperrung aus Holzpfosten. Sanft geht's hinauf zum Gipfelplateau. Am Kreuz genießen wir eine herrliche Aussicht auf San Mateo. Der Steilabbruch ist mit einem Zaun geschützt, da der Berg hier fast senkrecht in die Tiefe bricht. Auf dem Anstiegsweg kehren wir dann zurück nach San Mateo.

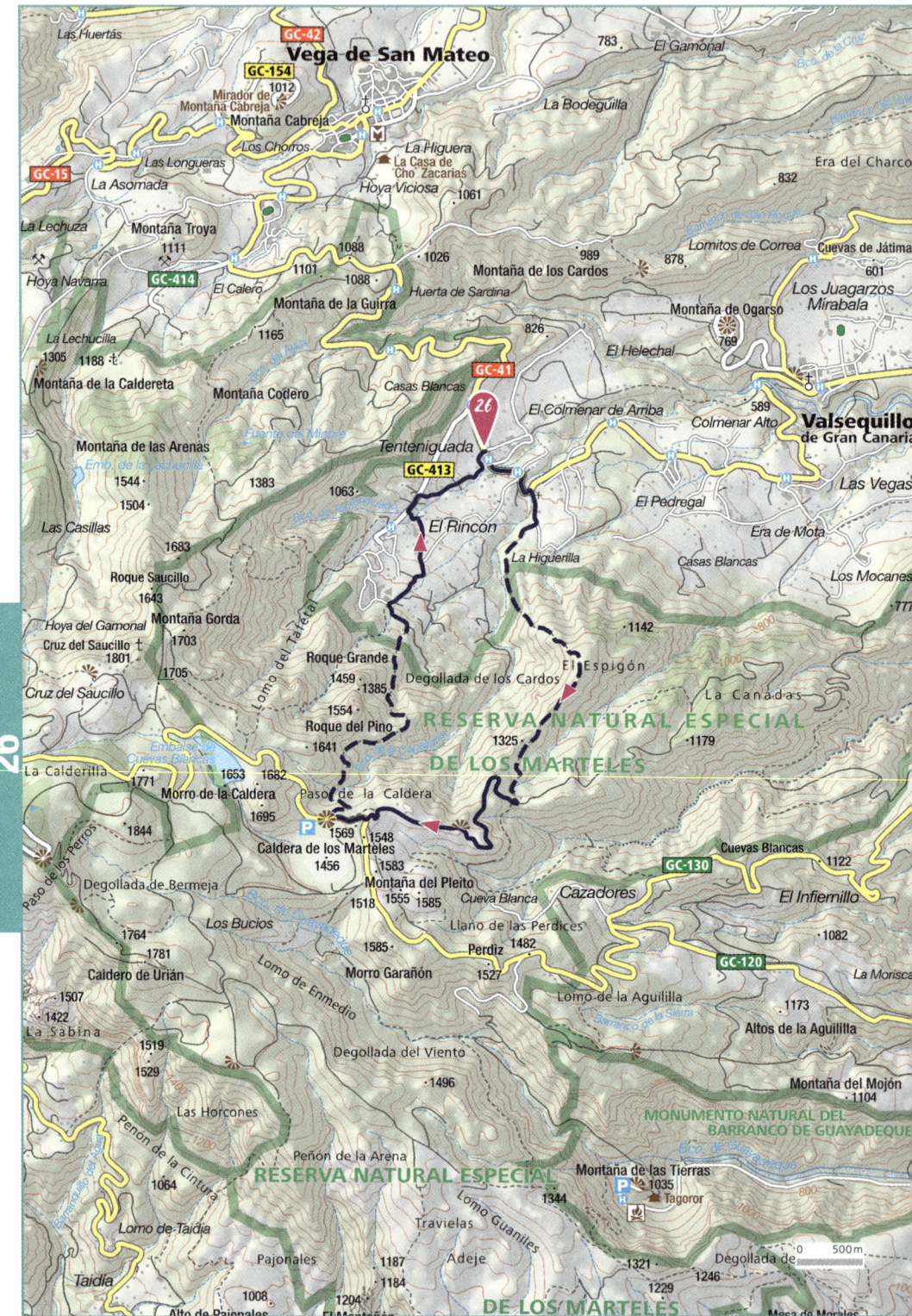

Vulkantour 26

Caldera de los Marteles
Urwüchsige Rundtour bei Tenteniguada

DAUER	4h 30min
LÄNGE	13 km
HÖHENMETER	780 hm
SCHWIERIGKEIT	MITTEL
MIT ÖPNV ERREICHBAR	ja

Das erwartet dich ...

Unsere heutige Bergtour ist anstrengend und leitet uns über enge, teils sehr zu-
gewachsene Saumpfade. Einige Abschnitte führen auch über Forstwege. Sie ist
auch nicht durchgehend markiert, was immer wieder zu Orientierungsschwie-
rigkeiten führen kann. Immer wieder führt uns zwischendurch eine grün-weiße
Markierung. Die Landschaft auf dieser Tour ist jedoch spektakulär und lässt alle
Anstrengungen vergessen. Auf Grund der häufigen Passatnebel empfiehlt sich ein
früher Aufbruch.

Start & Ziel & Anreise

Unser Ausgangspunkt liegt in Tenteniguada, beim Friedhof oberhalb der GC-41. Mit dem PKW erreichen wir den Ort aus westlicher Richtung über Vega de San Mateo über die GC-41. Aus dem Osten reisen wir über Telde ebenfalls über die GC-41 an. Von der Estación de San Mateo fährt der Bus Nr. 13 Richtung Telde. Haltestelle ist Tenteniguada.

Tourenbeschreibung

Heute erleben wir hautnah den herrlichen Wechsel der Vegetationszonen im Mittelgebirge Gran Canarias. Zu Beginn begleiten uns Kulturlandschaften wie Öl- und Obstbaumhaine. Am höchsten Punkt treffen wir dann auf die typischen Grasweiden der Gebirge mit ihren Kastanien- und Kiefernwäldern. Dazwischen zeigen sich wildreiche Barrancos und die bizarre Felsformation des Roque Grande, einem ehemaligen Vulkanschlot.

Von Tenteniguada müssen wir zunächst von der Ortsmitte 1200 Meter der Straße in Richtung Valsequillo abwärts laufen. Hinter der Brücke wechseln wir in der Linkskurve auf einen undeutlichen Steig zum Friedhof hinauf. Alternativ können wir auch über die Auffahrt zum Friedhof in der Calle Antonio Perez gehen. Rechts am Friedhof vorbei wechseln wir auf eine Betonpiste. An der nächsten Weggabelung, 300 Meter höher, schickt uns ein gelber Pfeil nach rechts, weiter bergan.

Kurz vor einem Haus mit rotem Ziegeldach und nach einer steilen S-Kurve sehen wir zur Linken eine Schotterfläche. An ihrem Ende beginnt ein Saumpfad, über den wir durch dichtes Macchiagstrüpp auf den Bergrücken El Espigón gelangen. Die Trasse ist zwar gut ausgebaut, aber wegen des dichten Gestrüpps auch sehr eng. Unzählige Spitzkehren leiten uns den Hang hinauf. Hier gilt ein hohes Maß an Konzentration, damit wir den Weg nicht verfehlen. Der hohlwegartige Weg kann teilweise durch das hohe Gebüsch komplett verdeckt sein.

Nach eineinhalb Stunden lichtet sich das Buschwerk und wir steigen nun immer höher dem Sattel El Espigón entgegen. Der Weg leitet auf die Gratscheide des Sattels zu und überquert in einem längeren Quergang die Degollada de los Cardos. Luftig und aussichtsreich ist es hier, aber doch einfach zu wandern. Am Ende des Kamms halten wir uns links in den Oberlauf des Barranco de los Mocanes ein, an dem mehrere Höhlenhäuser stehen. Ein Steig führt durch almähnliches Gelände und steigt wieder steiler an. Über das Wiesengelände gelangen wir an einen Zaun und danach stoßen wir auf eine Erdpiste bei einem Gehöft. Wir folgen ihr nach rechts, über mehrere Kehren oberhalb des Barranco de los Cernicalas hinauf. Dann geht's durch schönen Kiefernwald bis zu Natur-Sehenswürdigkeiten bei den Parkplätzen an der Caldera de los Marteles. Wir stehen am höchsten Punkt unserer Wanderung. Die Caldera ist einer der drei kleinen, fast kreisrunden Vulkankegel auf Gran Canaria, die beinahe noch zur Gänze erhalten sind.

Für unseren Rückweg gehen wir von den Parkplätzen ein kurzes Stück nach Westen. Bei einigen Informationstafeln über die verschiedenen Wanderrouten zweigt ein deutlicher Forstweg nach rechts ab. Er leitet uns über zwei weite Spitzkehren in einen Hangeinschnitt. Wir durchqueren ihn und passieren danach einen Kiefernwald. Dann steigen wir nochmal ein paar Minuten hinauf, bis in einer Linkskurve der Saumpfad nach Tenteniguada abgeht. Der Saumpfad durchläuft sofort einen felsigen Einschnitt, in dem Wasser über Steinplatten herabrinnt. Danach erklimmen wir den Sattel Los Organos. Von hier aus haben wir einen besonders guten Blick auf den Roque Grande.

Wir sammeln kurz wieder unsere Kräfte, dann beginnt der Hauptabstieg. Über einen trassierten Saumpfad geht es mit einem kurzen Gegenanstieg um einen Lavafelsen hinunter. Nach etwa einer Stunde und vielen kleinen Kehren stoßen wir auf die ersten Häuser vom Ortsteil El Rincón. Der Pfad mündet in eine asphaltierte Dorfstraße, von der wir nach 200 Metern nochmals nach rechts auf ein Pfadstück abbiegen. Es bringt uns in die Mitte des Dorfes zur GC-413. Über einen Seitenbarranco gelangen wir zur Calle las Portadas, die uns abwärts nach Tenteniguada bringt. An der Calle Antonio Cruz Mayor biegen wir links ab. An der folgenden Kreuzung halten wir uns rechts. 200 Meter später stehen wir wieder im Ortszentrum von Tenteniguada an der GC-41.

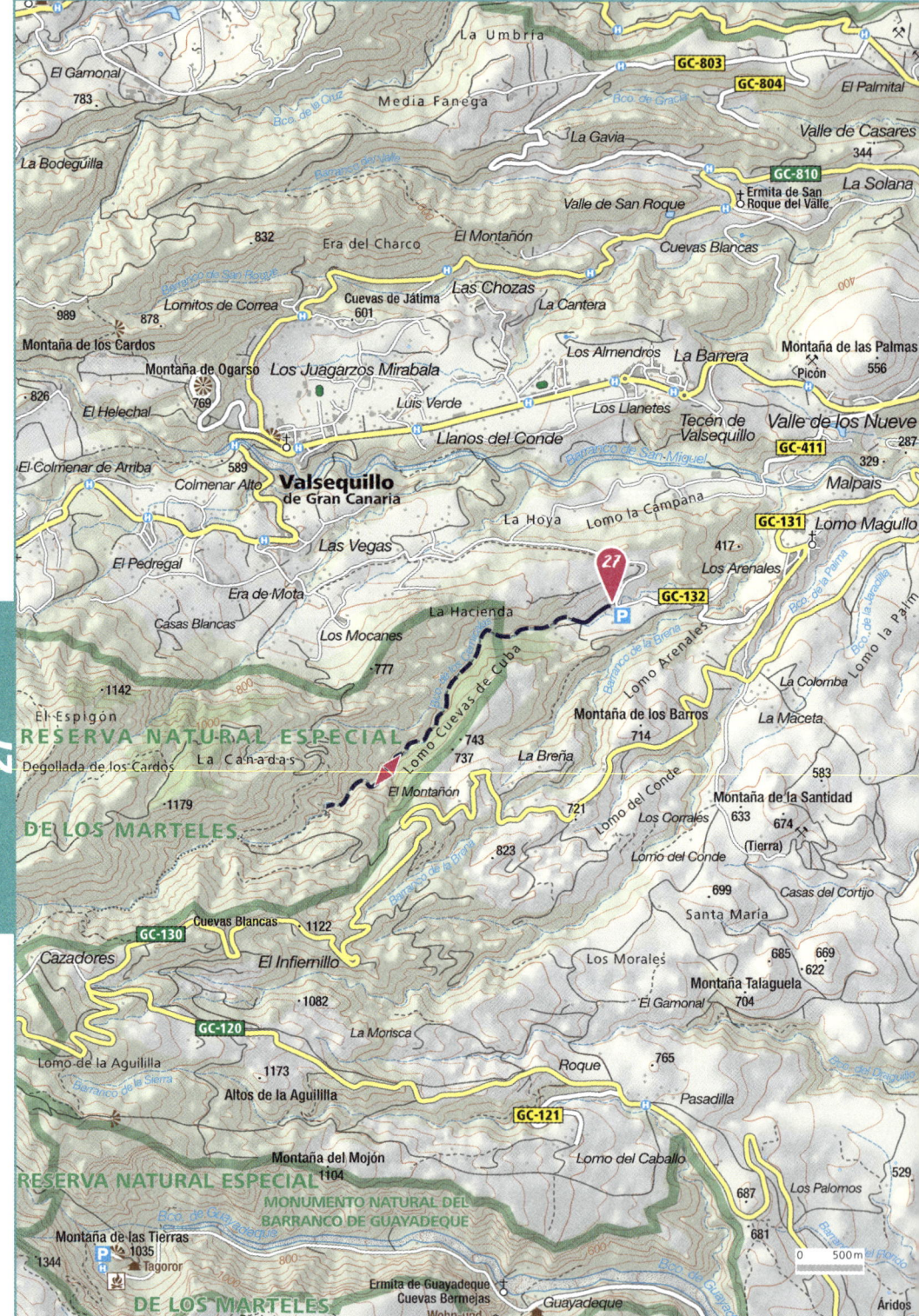

Barranco de los Cernicalos
Am Bach entlang durchs Naturschutzgebiet

DAUER	2h 15min
LÄNGE	6,2 km
HÖHENMETER	250 hm
SCHWIERIGKEIT	LEICHT
MIT ÖPNV ERREICHBAR	nein

Das erwartet dich ...

Die Wanderung ist nicht besonders lang und verläuft einfach auf gut trassiertem Weg. Er ist jedoch stark ausgetreten, kann daher zwischendurch auch mal rutschig sein. Die Route ist gut mit Wegweisern gekennzeichnet, so können wir uns problemlos orientieren. Unterwegs werden wir stets vom Bach begleitet. Also Acht geben auf die Steilstellen mit rutschigen Passagen. Wir befinden uns im Naturschutzgebiet, daher verlassen wir die Wege nicht. Auch das Zelten und offenes Feuer sind tabu.

Start & Ziel & Anreise

Unser Startpunkt befindet sich am Ende der GC-132, im Ortsteil Los Arenales von Lomo Mogullo. Lomo Mogullo liegt ca. 2,1 km östlich vom Ausgangspunkt entfernt. Mit dem PKW fahren wir am besten von Telde über die GC-130 und die GC-131 an. Nach Los Arenales gibt es keine öffentliche Verbindung.

Tourenbeschreibung

Besonders für Naturfreunde wird diese Wanderung ein Genuss sein. Sie führt uns in einen Teil des Naturreservats Los Marteles, das vom Rand des Pico de las Nieves bis herab ins Gebiet rund um Telde und Valesquillo reicht. Hier fließt ganzjährig Wasser. Romantisch schlängelt sich der Bach durch den Barranco, der teils mit vielen Pflanzen und Bäumen bewachsen ist.

Um den Barranco de los Cernicalos hat sich im Laufe der Zeit ein wertvolles Ökosystem gebildet. Das Wasser des 12 km langen Baches stammt aus Quellen, die etwa auf 1100 m Seehöhe bei Cuevas Blancas sowie 4 km davon entfernt im Gebiet von El Portillo entspringen. Sie gehören der Heredad de Aguas del Valle de los Nueve. Unter ihrem Dach wird das Wasser verwaltet und aus seinen Abflüssen und verschiedenen Quellen für die Landwirtschaft genutzt. Im ersten Teil des 20. Jahrhunderts wurden auf der Suche nach Grundwasser sieben Galerien in den Barranco gehauen. Diese fließen heute an der Oberfläche dieses Naturschutz-gebietes. Die endemische kanarische Weide und viele Baumarten wie der seltene Wilde Olivenbaum gedeihen in diesem Gebiet. Auch der Mocanbaum, der Ka-narischer Erdbeerbaum und die Heberdenie, die aus den früher flächendeckend vorhandenen Ur-Lorbeerwäldern erhalten geblieben sind, gehören dazu. Für den dichten Unterwuchs sind mehrere Sträucher wie Zwergginster, Wolfsmilch, Blauer Natterkopf, Ahornblättrige Strauchmalve, Geißklee und Gerberstrauch ver-antwortlich.

Ab und zu führt der Weg durch einen Tunnel aus bis zu fünf Meter hohem Diß-gras. Zahlreiche Vögel wie die Grauammer oder die Kanarische Bergstelze finden hier Unterschlupf. Auf gut 3 km können wir den Barranco so gut mit der Wan-derung kennen lernen. Vom Ortsteil Los Arenales sind es 2 km bis zum Picknick-platz nahe dem Eingang zur Schlucht. Am Ende der Privatstraße beginnt der Wan-derweg bei einer Infotafel. Wir lassen die stadtnahe Szenerie des Picknickplatzes und die letzten Ausläufer von Los Arenales hinter uns und gelangen schnell beim Wegweiser unmittelbar an den dichten Bewuchs des Barranco.

Wir sehen den Weg immer deutlich vor uns, markante Wegänderungen werden stets vorbildlich mit einem Schild angezeigt. Gleich zu Anfang wechseln wir nach links auf einen aufgelassenen Fahrweg. An einem einst industriell genutzten Platz gelangen wir zu einem kurzen Pfadabschnitt. Dann folgt eine zweite Aufweitung, auf der noch eine verfallene Brunnenkonstruktion zu sehen ist. Wir laufen links auf der Seitenmauer eines erhöhten Wasserkanals, dann wechseln wir wieder auf den Pfad, der sich nun parallel am Bach entlangzieht und ihn viele Male quert. Einen knappen halben Meter breit ist das Gerinne und leitet das Wasser durch das Dickicht über Steilstufen mit kleinen Kaskaden und Wasserfällen.

Gute zwanzig Minuten nachdem wir den Barranco betreten haben, gelangen wir an einen kleinen Wasserfall. Wir umgehen ihn auf der linken Seite. Zumeist be-wegen wir uns im kühlen Schatten, denn der dichte Bewuchs verdeckt die Sonne komplett. Vorbei an romantischen Plätzen und über kleinere Steilstufen nähern wir uns dem Ende des Spaziergangs. Zuletzt steigen wir noch einmal kurz an. Ein Pfad zweigt hier ab und verläuft nach rechts durch den Barranco weiter. Wir wen-den uns jedoch nach links und nähern uns so der Linksabbiegung des Barranco. Hier fließt der große Wasserfall über eine glatt geschliffene Felsstufe etwa 5 Me-ter in ein von Steinen und Treibholz abgeriegeltes Becken. Unsere Wanderung endet hier. Der zuvor abzweigende Pfad beinhaltet gefährliche Steilabbrüche und Kletterstellen. Er sollte daher nur von sehr erfahrenen Wanderern begangen wer-den. Der Rückweg erfolgt auf derselben Route.

Los Cardones

Baja del Trabajo

Picacho de la Cruz
669

749 · Amurga
791

Lomo del Pino

Artejévez

296

Punta de la Soga

Degollada de Peñón Bermejo
684

Peñón Bermejo
737

GC-203

El Caletón

Montaña del Cedro
1011

Punta del Peñón Bermejo

RESERVA NATURAL ESPECIAL

619

Morro del Pino

1017

Peñón Bermejo
528

521

Punta de Güigüi Chico

Lomo de Güigüi

Degollada de Piletas

Montaña de Hogarzales
1066

Playa de Güigüi

DE GÜIGÜI

Cañada de las Vacas
819

924

Montaña de las Vacas

El Puerto

695

El Acebuche · 715

Casas Blancas

383.

Los Llanos de la Mar

562

28

Las Estaquillas

736 ·

Barranco de Tasartico

604

Montaña de Aguas Sabinas

Las Rosas

Tasartico

Los Canalizos

511 ·

581

El Descojonado

589

Lomo de los Picachos

Montaña de Tabaibas

718

PARQUE RURAL DEL NUBLO

Montaña de las Tetas

Morro de
Piletas

761 · Mogarenes
892

El Palmar

Punta de las Tetas

Montaña del Acebuche
736 ·
708

Degollada del Portillo

738 · 621

Lomo de Santa Brígida

Playa del Asno

Montaña de la Cisterna

Punta de la Baja del Guincho

Degollada de los Corrales

Punta del Pasillo Blanco

El Cabezo 665

Punta Carpintera

Lomo del Bajo 254

271

Llano de
los Valles

381

0   500 m

Playa de Agua Palmita

Montaña de

los Incensos

449

Küstentour 28

Güi Güi Grande
Einsame Strände und Küsten im Westen

DAUER	5h 15min
LÄNGE	10,8 km
HÖHENMETER	940 hm
SCHWIERIGKEIT	MITTEL
MIT ÖPNV ERREICHBAR	nein

Das erwartet dich ...

Unsere heutige Tour stellt gehtechnisch keine großen Anforderungen. Sie führt auf breiten Berg- und Maultierpfaden. Allerdings gibt es ein paar sehr anspruchsvolle Steigungen. Zudem wird der Hauptanstieg im zweiten Teil der Wanderung bei fortgeschrittener Tageshitze absolviert. Das macht den Ausflug dann doch zu einer anstrengenden Unternehmung. Der Steig ist teils rutschig und mit Geröll übersät.

Start & Ziel & Anreise

Die Wanderung beginnt in Tasartico. Mit dem PKW fahren erreichen wir den Ort über die GC-200. Beim Mirador de Tasartico wechseln wir auf die GC-204. Der Ort liegt ca. 6,5 Kilometer von der Degollada de Aldea entfernt am Ende der Straße. Der Steig beginnt ca. 1,1 km westlich von Tasartico und ist mit Wegweisern und Infotafeln gekennzeichnet. Hier gibt es auch ein paar Parkmöglichkeiten. Die nächste Bushaltestelle befindet sich an der Degollada de Aldea, 6,5 Kilometer von Tasartico entfernt.

Tourenbeschreibung

Die Bucht am Strand von Güi Güi ist von hohen Felsen umschlossen. So kann sie nur mit dem Boot oder über den Ausgang des Barranco de Güi Güi erreicht werden. Die Region rund um den Strand ist Naturschutzgebiet. Einsam ist es hier trotzdem nicht. Die schöne und besondere Lage der Bucht lockt viele Wanderer an, die oft tagelang hier campieren. Früher lebten oberhalb des Strandes Bauern. Ihre verlassenen Fincas dienen heute Aussteigern als Unterkünfte. Doch nicht nur der Strand ist ein herrliches Kleinod. Auch der Barranco begeistert mit seiner herrlichen Trockenvegetation und seinem wilden Auftreten.

In Tasartico folgen wir einer kleinen Straße, die durchs Tal zum 4 km entfernten Strand führt. Die Straße geht schnell in eine Schotterpiste über, auf der nach 1,1 km schon die ersten Haltebuchten auftauchen. Hier beginnt der Wandersteig, der durch eine große Panoramakarte noch einmal angekündigt wird. Ein breiter Bergpfad leitet uns nach dieser Tafel und einem Wegweiser zum Strand rechts den Hang hinauf. Nach einem Hinweisschild zum Naturschutzgebiet übersteigen wir eine Wasserleitung. Wir steigen durch wunderschöne Trockenvegetation bergan und erreichen nach einer viertel Stunde das Tal Cañada de Aguas Sabinas. Hier verläuft der Steig einige Meter im Barrancobett und zieht danach nach links in den nächsten Hang hinein. Nach einigen wenigen hohen Gebüschen erwartet uns die karge Landschaft des Barranco. Über Serpentinen, Steilstufen und einige rutschige Passagen gelangen wir schließlich zum engen Durchstich am Sattel Degollada de Aguas Sabinas.

Tiefblau schimmert das Meer durch einen Felseinschnitt zu uns herauf. Vor uns erstreckt sich der Barranco, der 540 Meter zum Strand von Güi Güi abfällt. Für den Abstieg wenden wir uns auf den Serpentinenweg, der uns zunächst 75 hm hinabbringt. Dann läuft der Pfad auf einem Felsband an der linken, westlichen Barrancoseite fast eben entlang. Zweimal passieren wir zwei kleine Seitenbarrancos, dann beginnt der Hauptabstieg. Unzählige, aber gut zu laufende Serpentinen schlängeln sich gut trassiert den Nordwesthang der Montaña de Aguas Sabinas hinab. Nach einer dreiviertel Stunde erreichen wir das Bachbett des Barrancos. Wir wechseln auf die rechte Talseite und wandern in angenehmem Gefälle zur ersten Finca, die aussichtsreich auf einem kleinen Absatz liegt. Wir gehen noch einmal durchs Bachbett, geführt von weißen Pfeilen. Dann umrunden wir die Finca auf der rechten Seite, steigen einige Meter ab und treffen auf eine Kreuzung. Wir ignorieren den abzweigenden Weg und steigen weiter ins Bachbett hinab, biegen dort nach links und dann nach rechts, um den Barrancogrund zu durchqueren.

Am anderen Ufer leitet uns der Weg durch Schilfrohr. Doch nur ein paar Meter, dann stoßen wir zur Abzweigung des Zugangs zur zweiten Finca. Sie steht rechts gut zehn Meter oberhalb des Weges an der Kante eines Hanges. Wir wandern weiter auf dem Hauptweg und biegen schnell in einen engen Durchlass des Barrancos ein. Hier steigen wir die letzte Steilstufe zum Strand Güi Güi Grande ab. Links sehen wir dicht an die Felswände gedrängt ein kleines Fleckchen Sandstrand. Hier verschifften einst am Verladeplatz die Bauern ihre Produkte. Der Rest des Küstenstreifens wird von Steinen bedeckt. Der Strand Güi Güi Chico, der nur bei Ebbe erreichbar ist, liegt noch 15 Gehminuten weiter in nördlicher Richtung. Dabei müssen wir jedoch die Felsnase, die den Playa Güi Güi Grande begrenzt, umwandern. Am Strand stehen einige primitive Zelte und eine Wasserleitung mit Süßwasser zur Verfügung. Nach Tasartico kehren wir über dieselbe Route wieder zurück.

San Nicolás de Tolentino

Cescadillos

San Nicolás

GC-210

Los Molinos
165

Molino de Agua

La Caldereta

Barranco de la Aldea

Lomo del
Salado
546
539   593

575

Montaña de
Pino Gordo
647

240

Embalse Caidero
de la Niña

Caidero de la Niña

294

Presa de Siberio

El Pinillo

El Cardonal

687

Casas de
Pino Gordo

Los Peñones

Lomo del
Arrastradero

507

654

Morro del Conejo

Los Pasitos

747

Montaña de la Fuente
999

Roque del Astrado
977

La Cruz

Montaña del Viso
997

El Laurellilo

Degollada del Escobon

El Escobón

El Picacho
1068

El Hoyo

Degollada
de Jineto

1089

1121

El Canalizo
386

Casas de
la Inagua

RESERVA NATURAL
El Roque

444

Los Laderones

Tocodomán

Bco. del Pino Gordo

Cueva del Pino

1469

1468   1426

Las Cañadas

Pie de la Cuesta

Montaña de las Monjas

1409   1393

1349

Degollada de
Tasartico

Montaña del
Horno

Pinares   de

Ojeda   1327

1385

Inagua
1426

29

Mirador de
Tasartico
684

Kiosk

El Cruce

844

Degollada
de la Aldea

Montaña del Lechugal   785
993

653

800

Montaña
de Ojeda
1369

1234

Degollada de
la Brujas

INTEGRAL DE INAGUA

Aula de la
Naturaleza

1186

1181

Roque
El Castillete

GC-205

GC-200

826

La Montañeta

Degollada de los Frailes

Tasarte

738
Degollada de Veneguera

Los Quemados

782

Los Azuleos

GC-200

Montaña Lobas
996

Lomo de la Rosa

Morro de la Cinta

La Cogolla

953

Roque Pernal

942   945

PARQUE   RURAL   DEL   NUBLO

487

Lomo de los Arquillos

Fte. del
Risco Peinado

931

El Majalillo

Cogolla de Veneguera

529

Bco. del Medio

Coral de los Molinos

El Manatial   617
468

Punton del Corral
de los Molinos

Punton de los Molinos

Fuente de los Secos

Higuera Prieta

Casas del Manantial

Bco. de la Higuera Prieta

Gambueza

Laderón de la

Casas de
Veneguera

Bar

Los Alares

La Capellanía

917

Montaña de
Molinos

Lomo de las

Lomo del Riego

Los Almácigos

0   500 m

29

Bergtour

NSG Inagua

Rund um den Inagua im wildreichen Südwesten

DAUER	5h 15min
LÄNGE	17,5 km
HÖHENMETER	900 hm
SCHWIERIGKEIT	SCHWER
MIT ÖPNV ERREICHBAR	nein

Das erwartet dich ...

Der heutige Ausflug führt uns durch eine zum Teil schroffe Gebirgslandschaft. Der Aufstieg verlangt Trittsicherheit. Bei der Umrundung kann es schon mal luftig zu gehen, Schwindelfreiheit ist daher unabkömmlich. Ein Großteil der Tour verläuft jedoch auf gut trassierten Bergpfaden. Die Wanderung ist sehr lang, ein früher Aufbruch ist daher ratsam. Belohnt werden wir mit einer bizarren Gebirgswelt in einem der einsamsten Winkel Gran Canarias.

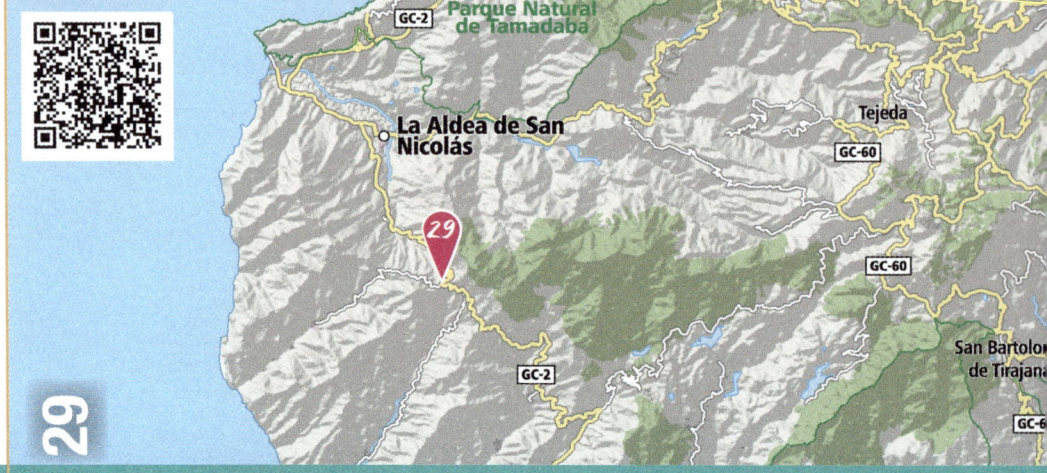

Start & Ziel & Anreise

Startpunkt ist Degollada de la Aldea am Mirador de Tasartice. Die Auffahrt erfolgt entweder von San Nicolas oder von Puerto de Mogán über die GC-200. Von Mogán fährt der Bus Nr. 38 direkt bis zur Degollada de la Aldea. Parkmöglichkeiten befinden sich nach ca. 150 Meter auf der GC-200 Richtung Norden.

Tourenbeschreibung

Schon während der Anfahrt können wir erahnen, was uns heute erwarten wird. Sobald die Küste hinter uns liegt, beginnen schroffe Szenarien, Trockenvegetation und sanft in die Barrancos eingebettete Ortschaften die Akzente zu setzen. An der Degollada de la Aldea begrüßt uns die bizarre Gebirgslandschaft mit senkrechten Felswänden und tafelbergartiger Silhouette. Direkt an der Bushaltestelle schickt uns ein Wegschild zunächst zehn Minuten einen Hangrücken entlang. Am Übergang zu den steil aufragenden Wänden wechseln wir auf die Nordseite und queren zuerst einen Hangeinschnitt. Dann schwenkt ein gut trassierter Weg nach links in die Steilwände des Inagua. Kurz darauf überwinden wir eine steile Stelle. In der Falllinie schlängelt sich der Weg durch die Felsblöcke. 40 hm, dann haben wir die schwierige Passage überwunden und wandern auf gleichbleibender Höhe an den immer steiler werdenden Hängen entlang. Leider verhindert dichter Bewuchs Blicke in die Tiefe.

Eine halbe Stunde später queren wir einen kleinen Barranco, dann wandern wir auf und ab über Felsbänder. Die Passage ist ein wenig abschüssig, also setzen wir vorsichtig unsere Tritte. Schließlich verschmälert sich der Pfad auf eine Breite von nur mehr 30 bis 40 Zentimeter. Die Stelle ist kurz, aber ein wenig schwierig und sollte umsichtig begangen werden. Danach folgt der Hauptanstieg zum Sattel El Laurellilo. Wir steigen durch Trockenvegetation einen steilen Hang hinauf. Er flacht zunehmend ab, an den steileren Wegpassagen helfen Steinplatten, den Höhenunterschied zu überwinden. Schließlich erreichen wir 70 bis 75 Minuten ab dem Ausgangspunkt das weitläufige Sattelplateau El Laurellilo.

Wir genießen den herrlichen Blick ins Inselzentrum rund um Roque Nublo und Roque Bentayga. Weiter geht's Richtung Süden entlang des Hangrückens. Die parallel verlaufende Erdpiste beachten wir nicht. Nach zehn Minuten ebenen Weges passieren wir ein Holzgestell, das ehemals ein Informationsschild zum Naturpark des Inagua trägt. Dann erreichen wir kiefernbewachsenes Gelände. Allmählich wird der Wegverlauf steiler und zieht sich ca. 20 Minuten nach dem Sattel in Serpentinen den Hang hinauf. An einer Weggablung halten wir uns rechts und erreichen gleich darauf die abschüssigen Flanken des Inagua. Der Weg wird immer ausgesetzter, es gibt jedoch keine kritischen Passagen. Von der Abzweigung bis zur Wende ist er breit und gut trassiert. Auf und ab geht's durch Kiefernwald und Ginsterbüsche, bald an einem Felsquellbecken vorbei.

Eine Stunde, nachdem wir die Gabelung passiert haben, erreichen wir den markanten Felsklotz Roque El Castillete und damit die südliche Wende samt Sendemast. Jetzt können wir einen Weg wählen: Entweder den Steig, der auf gleichbleibender Höhe zum Pass von Las Brujas verläuft, oder den absteigenden Pfad, der uns zur Freizeitstation Aula de la Naturaleza führt. Wir entscheiden uns für Letzteren und wandern etwa 20 Minuten hinab. Schließlich treffen wir auf eine Forstpiste, die das Freizeitareal mit dem Sattel Las Brujas verbindet.

Wir folgen ihr nach links zahlreiche Serpentinen durch den Kiefernwald hinauf. Eine halbe Stunde später stehen wir auf dem Sattel Las Brujas. Hier kreuzen sich mehrere Wege. Der auf der Kammlinie verlaufende Weg führt in Richtung Montaña de las Yescas, der nach Südwesten abwärtsführende zu den Casas de la Inagua und die Pfade oberhalb der Weggabelung zum Gipfel des Inagua. Wir wechseln nun auf die Forstpiste und folgen ihr bis zur zweiten Haarnadel. Dort zweigt ein Waldpfad nach Westen ab und quert in sanftem Auf und Nieder die Nordhänge des Inagua. Nach einem kleinen Gegenanstieg erreichen wir wieder die Weggabelung, an der vor gut drei Stunden unsere spannende Umrundung begonnen hat. Für den Abstieg halten wir uns rechts, auf bereits bekanntem Weg über den Sattel El Laurellilo und zur Bushaltestelle.

GC-606

Los Reyes

Los Reyes

Cuevas del Rey 1092 Roque Bentayga 1415

P

P

688

La Solana 803

El Espinillo

Casas de la Umbría

El Chorrillo

El Carizzal

El Manantial

Roque de los Pérez
1081

P A R Q U E   R U R A L   D E L   N U B L O

Lomo Prieto

1142

Toscón de Arriba

Lomo de los Marrubois
1401
1351

Roque Mulato
826 773

1025 993

El Toscón

El Toscón

P

Montaña del Humo
GC-606
1489

Lomo del
1003

922 949

947

Lomo de
la Solaneta

1226

1387

GC-661

El Juncal

Los Canadorres

Mulato

Pinar de Pajonales 1182

1101

La Cañada

El Juncal

30

P

Juncal de Abajo

RESERVA NATURAL

Las Mesillas

Risco del Tablero

Lomo de los Almacenes
1471

1575

Montaña de Sándara

1251

Casa Forestal de Pajonales

Cuevas de Pajonales

1486

1414

1386

Montaña de los Jarones
1268

Degollada Blanca

Morro de la Negra

30

Montaña de Solapos
de la Carnicería 1454 1461

1259

Cruz de la Huesita

1241

Cruz Quemada

INTEGRAL DE INAGUA

1344

Morillo de San Juan
1177

1213

1331

Pino Trancado

Montaña del Treo

Cueva las Niñas

1003

Morro del Peladero

962

Montaña de las Monjas
1004

Morro del Cabrito
1069

GC-605

942

984

Presa de Bernardino

881

P

Cuevas de Gonzalo

Llano del Corral

Los Cercados

Montaña de Reventón
848

952

921

906 884

923

698

Mesa de Soria

La Pinta

914

Embalse de la Cueva
de las Niñas

741

Risco Grande
1021

Majada Alta

963

Risco Majada Alta
925

879

938

Embalse de
Soria

Embalse de las Niñas

601

Casa del Pino

P

Soria

GC-604

P

882 GC-505

Casa Fernando

Morro Cueva de San Julián

Risco del Agujero

Lomo de la Palma

0   500m

Panoramatour 30

El Juncal
Panoramarunde im Naturschutzgebiet Pajonales

DAUER	3h 30min
LÄNGE	14 km
HÖHENMETER	305 hm
SCHWIERIGKEIT	LEICHT
MIT ÖPNV ERREICHBAR	nein

Das erwartet dich ...

Die Runde ist zwar nicht besonders kurz, läuft aber einfach auf Forstwegen und über gut trassierte Saumpfade. Auch bei großer Tageshitze ist sie sehr angenehm, da die Route fast ausschließlich durch bewaldetes Gelände verläuft. Insgesamt haben wir eine gemütliche Halbtagestour vor uns, die durch einen herrlichen Naturpark verläuft.

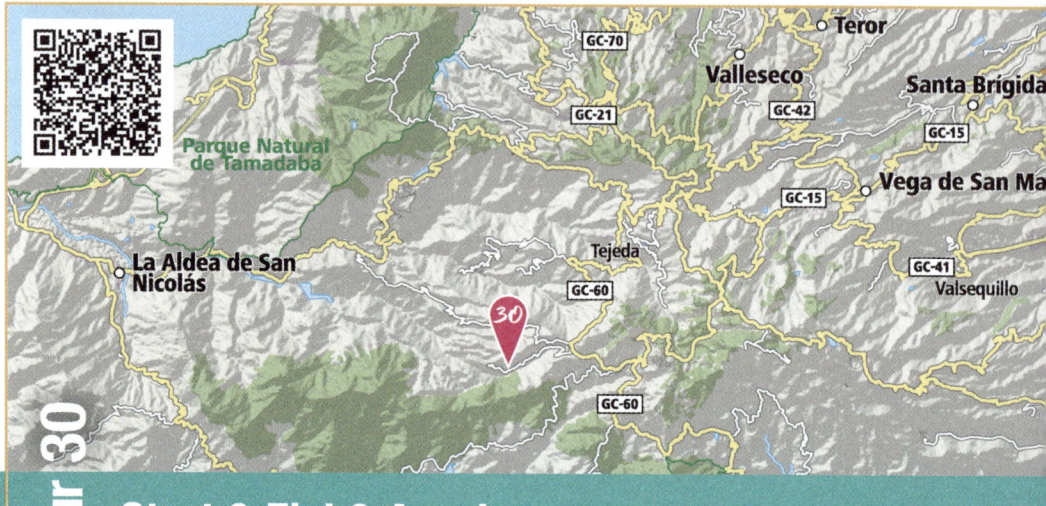

Start & Ziel & Anreise

Wir starten in El Juncal, ca. drei Kilometer von der Degollada del Aserrador entfernt. Parkplätze stehen unterhalb der Kirche im Ort zur Verfügung. Ohne Mietwagen müssen wir die Tour bereits am Aserrador beginnen, da der Ausgangspunkt nicht mit öffentlichen Verkehrsmitteln erreichbar ist.

Tourenbeschreibung

Der Naturpark Pajonales trennt als Gebirgskamm den Barranco de Soria vom Barranco del Juncal. Er bildet das größte zusammenhängende Naturschutzgebiet Gran Canarias. Die vulkanische Landschaft erwartet uns mit Einsamkeit und wunderbaren Aussichten.

In El Juncal finden wir unterhalb der kleinen Kirche Parkmöglichkeiten vor. Wir folgen kurz der Straße, dann wenden wir uns nach rechts und spazieren über eine Asphaltstraße hinab. Nach zwei Kehren stehen wir an einer Brücke über den Barranco del Juncal. Hier endet der Asphalt und wir steigen gemütlich auf die Westflanke des Morro de Pajonales an. Nach den beiden Schildern zu den Naturparks Nublo und Pajonales erreichen wir das Casa Forestal auf einem Sattel. An der Gabelung hinter dem Forsthaus gehen wir weiter auf dem breiten Forstweg, der uns nach rechts zum Cruz de la Huesita führt. Hier treffen sich mehrere Wege.

Geradeaus führt die Forststraße zum Stausee Cueva de las Niñas hinab, von links mündet mit einer Steintreppe der Waldpfad ein, der über die Kämme des Ostrandes des Naturschutzgebietes zum Morillo de San Juan verläuft.

Unsere Route führt uns nach rechts über eine Schotterpiste, mit der wir über eine S-Kurve leicht bergan steigen. Dabei passieren wir ein Hinweisschild des LIFE-EU Projektes zum Schutz der Blauen Lorbeertaube und eine Absperrung für Fahrzeuge. 150 m später biegt ein breiter Wanderpfad nach links und leitet uns zum Sattel unterhalb des Morro de la Negra. Der breite Pfad wird zum Höhenweg und zieht am Kamm entlang. Bei den Montaña de Sándara wechseln wir auf die Westseite des Kamms und erreichen nach zwanzig Minuten eine Einsattelung.

Den links abzweigenden Pfad ignorieren wir und wandern geradeaus auf einem mit Steinplatten gut trassiertem Weg. Wir steigen kurz durch einen Wald. Nach zwei Stunden Gesamtgehzeit treffen wir auf die Forstpiste, die vom Cruz de la Huesita zur Degollada de la Brujas verläuft. Wir folgen ihr nach rechts und steigen zwei Spitzkehren hinab. Dann geht's 45 min fast eben durch lichte Kiefernhaine zum Cruz de Huesita. Nach der Abzweigung des Saumpfades, der Wegsperre und dem Hinweisschild bringt uns die Forstpiste nach links wieder zum Casa Forestal. Auf bekannter Route kehren wir nach El Juncal zurück.

31

Seentour

Embalse de la Cueva
Zwei-Seen-Wanderung im Inselinneren

DAUER	3h 45min
LÄNGE	11 km
HÖHENMETER	390 hm
SCHWIERIGKEIT	MITTEL
MIT ÖPNV ERREICHBAR	nein

Das erwartet dich ...

Der Einfache Rundweg führt uns über asphaltierte Straßen und Saumpfade, manchmal auch Schotterwege. Die Wegführungen sind immer gut ersichtlich, so ist die Orientierung trotz der fehlenden Markierungen kein Problem. Am Picknickplatz gibt's einen Fahrverkäufer, der Getränke, kleine Snacks und Eis anbietet.

Start & Ziel & Anreise

Unser Ausgangspunkt ist der Picknick- und Campingplatz am Stausee Embalse de la Cueva de las Niñas. Wir fahren ihn am besten von Ayacata aus über die GC-605 an. Parkmöglichkeiten gibt es am Campingareal. Von San Bartolomé de Tirjana fährt der Bus Nr. 18 nach Ayacata. Von hier aus müssen wir ein Taxi zum Ausgangspunkt nehmen.

Tourenbeschreibung

Der Stausee Embalse de la Cueva de las Niñas liegt in einer sehr schönen Ecke der Insel. An der Ostseite wird er von Kiefernwäldern des Pajonales-Gebietes umrahmt. In dieser Gegend ist die Insel ein bisschen flacher, bevor die Cañons steil zu allen Seiten zum Meer hin abbrechen. Der Stausee mündet nach Norden hin in flachen Buchten am Campingareal. Hier kann man die Senke gut auf Pfadspuren queren, wenn der See einen niedrigen Wasserstand aufweist. Gegenüber sehen wir eine schmale asphaltierte Straße. Sie verläuft an der Staumauer und ist mit Schranken versperrt. Sollte der See ganz gefüllt sein, müssen wir auf der GC-605 ein paar hundert Meter in Richtung Ayacata gehen und nach rechts auf die Asphaltstraße einbiegen.

Dort treffen wir sogleich auf die Schranken. Die Straße bringt uns an der östlichen Seite des Sees vorbei, läuft um eine Bucht herum und steigt einen felsigen Rücken hinauf. Wir biegen um eine markante Linkskurve, dann stoßen wir an der folgenden Rechtskurve an einen Abzweig. Ein Holzschild mit der Aufschrift „Soria" weist uns den Weg. So steigen wir den Saumpfad mit Blick auf den Soria-Stausee hinab. An einer Schotterstraße wandern wir weiter durch einen Palmenhain. Wenig später gelangen wir an eine asphaltierte Straße. Sie wird uns als Rückweg dienen. Nach rechts führt die Straße in den Ort, wo wir uns an einer Bar erfrischen können. Zurück an der Kreuzung folgen wir der Asphaltstraße. Nachdem wir einen Bachlauf überquert haben, geht die Straße in eine Schotterpiste über.

Über eine Stunde steigen wir mit ihr nun durch die schütter bewachsenen Hänge hinauf. Bei einem Sattel lassen wir die links abgehende Straße unberücksichtigt und steigen weiter bergan, bis der Schotterweg in die GC-605 mündet. Wir halten uns links bis zum Beginn der Asphaltstraße. Wir kennen sie bereits vom Anfang der Rundwanderung. Bei niedrigem Wasserstand folgen wir ihr bis zur ersten Linkskurve und können über den Hangrücken zu einer Bucht am Stausee und über Pfadspuren zum Embalse de la Cueva de las Ninas zurückkehren.

INTEGRAL DE INAGUA

Montaña de Solapos de la Carnicería 1461 · 1259 P
1454
Morro de la Negra
1344 · Morillo de San Juan
1331 ☀ 1177
Pino Trancado Montaña del Treo

Lomo de Barbuzano

Morro del Peladero 962

Montaña de las Monjas 1004

GC-605 942 Embalse de la Cueva de las Niñas

984 Cuevas de Gonzalo

952 921 906 · Risco Majada Alta
Risco Grande 923 879
1021 925 884 Risco del Agujero
Majada Alta 963 Soria 872

Montaña de Reventón 848
741
P Casa del Pino
601 Paso de Ojeda
Los Alares GC-605 Montaña Vista de Soria 983
Pie de la Cuesta Puntal de Toribio El Montañón
GC-200 Mirador Alto de Montaña de Tauro 915 Paso de Tauro
El Horno de la Teja 1164 1132 Montaña de Tauro 1225
Casas Blancas 1063 Barranquillo Andrés
451 La Vistilla 1101
455 Los Llanetes

El Brusco 911
951 El Montañ
El Salvear

Huesa Bermeja

La Rosilla 1061
Bar Laurel Buenos Aires 1061 La Solana El Caidero
Mogán 461 El Cascajo
El Caparió de Oro 964 Degollada de las Lapas El Derriscadero Los Andenes
Guirre 934 MONUMENTO NATURAL 947 La Sabinilla 959
El Molino de Viento DE TAURO El Morro
Los Laderones Pino Redondo P
Las Filipinas
El Palmarete los Acebuches
Punta del Corral Viejo Degollada de Cortadores 761 Los Incensales
Lomo Corral de Alonso Punta de los Gavilanes 806 GC-505
683 El Cabezote 791 Punta de los Cortadores 803
Casas de Tauro Alto 723 Los Tabucos
Tocina

0 500m

Roque Pernal 953 945 942
Morro de las Marreras
1022
Pinar de Ojeda
Llanos de Lagunillas
782
Lomo de la Manta
881
Embalse del Mulato

Embalse de Soria
La Pinta 698 938
Morro Cueva de San Julián
Casa Fernando
GC-505

Embalse Salto del Perro
882 912

Andenes de la Hoya Arnacejo
Lomo del Mojón

Mogán
Auf den Aussichtsberg Montaña de Tauro

DAUER	2h 30min
LÄNGE	5,5 km
HÖHENMETER	320 hm
SCHWIERIGKEIT	MITTEL
MIT ÖPNV ERREICHBAR	nein

Das erwartet dich ...

Die Streckenwanderung ist sehr kurz und läuft auch sehr einfach auf gut trassiertem und nicht allzu steilem Bergpfad. Im Gipfelbereich müssen wir uns teils ohne Wege zurechtfinden. Mit ein bisschen Orientierungssinn ist das jedoch kein Problem. Oben erwartet uns eine herrliche Aussicht mit einem Panorama, das von Maspalomas über den Inagua bis zu den südwestlichen Bergen reicht.

Start & Ziel & Anreise

Wir starten vom Tauropass. Mit dem PKW erreichen wir den Pass von Mogán aus über die GC-605, von der die GC-505 in Richtung Embalse de Soria abzweigt und als schmale Asphaltstraße zum Pass hinaufführt. Öffentliche Busse fahren nicht zum Tauropass. Wir können bis Mogán mit dem Bus anreisen, dann bleibt nur noch das Taxi.

Tourenbeschreibung

Der Montaña de Tauro ist ein herrlicher Aussichtsberg im Süden der Insel Gran Canaria. Neben fantastischen Weitblicken bietet er auch sagenhafte Tiefblicke in den Barranco de Mogán. Für eine klassische Gipfeltour können wir den Montaña de Tauro bequem von Norden her besteigen. Der schroffe Gipfel zeigt sich oben als flaches Plateau.

Vom Tauropass geht bald nach dem höchsten Punkt der Straße und zirka 150 Meter nach der Zufahrt zum Stausee Embalse Salto del Perro nach rechts ein Treppenaufgang ab. Er bildet den Auftakt unserer Wanderung. Wir steigen einen Hangrücken empor. An der Südseite verliert der Weg nochmal kurz an Höhe. Dann durchqueren wir eine Senke. Der anschließende Aufstieg führt uns zunächst nur auf ein dicht bewachsenes Plateau. Nach einem flachen Hangeinschnitt führen zahlreiche, aber bequeme Serpentinen in angenehmer Steigung den Hang hinauf. Nach einer guten Stunde stehen wir an einer Gabelung: Hier ignorieren wir den rechts abzweigenden Weg und wandern weiter geradeaus. Der etwas schmälere Pfad quert bald den Hang und leitet uns zum Plateau am Fuße des Montaña de Tauro. Um die letzten 50 Höhenmeter zum Gipfel zu überwinden, gehen wir zurück und folgen teils weglos Pfadspuren zum Plateau. Es läuft nach Süden so flach aus, dass eine Steinpyramide den Montaña de Tauro markiert. Ohne sie würde er gar nicht auffallen.

Das Plateau ist komplett mit Zitrosen und Wolfsmilch bewachsen. An den Hängen gedeiht Kiefernwald. Ein paar Pfadspuren leiten uns an der Westseite des Gipfels hinab, zur besseren Orientierung helfen einige Steinmännchen. Nach zehn Minuten stoßen wir auf einen deutlichen Pfad, der uns nach links zum Mirador Altos de Montaña de Tauro leitet. Hier brechen die Wände furchteinflößend und unvermittelt knapp 800 Meter senkrecht in das Tal von Mogán ab. Die Flanken werden Andenes de la Hoya Almacego genannt. Sie stürzen sich geradezu senkrecht in die Tiefe, befor sie in zerklüftete und dicht mit Trockenvegetation bewachsene Schluchttäler übergehen. Für den Rückweg zum Taurosattel nehmen wir die bereits bekannte Route. An der Weggabelung, an der wir zuvor zum Gipfel abgebogen sind, schwenken wir diesmal nach links. Nach einer Stunde Abstieg ab dem Mirador erreichen wir wieder den Ausgangspunkt nahe dem Tauropass.

33

Naturtour

Cruz Grande
Prachttour in den Pilancones Bergen

DAUER	6h 30min
LÄNGE	24 km
HÖHENMETER	500 hm
SCHWIERIGKEIT	MITTEL
MIT ÖPNV ERREICHBAR	ja

Das erwartet dich ...

Heute erwartet uns der Naturpark Pilancones mit seinen herrlichen Pinienwäldern und fantastischen Ausblicken. Die Wanderung führt uns über einfache Forstpisten und gut ausgebaute Saumpfade. Sie ist also von den technischen Anforderungen nicht besonders schwierig. Lediglich vor der Wende innerhalb eines Seitenbarrancos wird es etwas steiniger. Allerdings sollten wir die Streckenlänge nicht unterschätzen. Ein früher Aufbruch ist heute sicherlich empfehlenswert. Wasser nicht vergessen!

Start & Ziel & Anreise

Unser Ausgangspunkt ist heute der Cruz Grande. Er liegt direkt an der GC-60 und wir können ihn mit dem Auto gut von San Bartolomé erreichen. Von San Bartolomé de Tirajana fährt dreimal am Tag der Bus Nr. 18 Richtung Tejeda. Haltestelle ist Cruz Grande.

Tourenbeschreibung

Es ist eines der schönsten Gebiete der Insel. Die Gegend um die Pilacones Berge zählt zu den acht größeren Naturschutzgebieten auf Gran Canaria. Sie umfasst die pinienbewachsenen Hänge und Grate der Pilancones-Berge sowie des Oberlaufs des Barranco de la Data. Forstwege durchziehen die Gegend fast komplett. So ist das Terrain übersichtlich und einfach.

Vom Cruz Grande aus beginnt die ausgedehnte Wanderung auf der Ostseite. Von der Straße leitet uns zunächst gut 150 Meter eine Betonpiste bergan. Am Wasserbecken geht's geradeaus zur Forstverwaltung. Hier halten wir uns links auf einen Wanderweg in den Talhang. Wir passieren eine Absperrung für Fahrzeuge und wandern eineinhalb Kilometer fast eben zum Sattel El Dinero. Ein Wegweiser schickt uns hier nach rechts, weg von der Schotterstraße auf einen Saumpfad. Der anfangs mit Steinmauern gesäumte, gut eineinhalb Meter breite Pfad führt uns über Spitzkehren am Hang zum Fuße des Morro del Guirre etwa 100 Höhenmeter hinab. Über einen Quergang gelangen wir dann zum Sattel Degollada de Llano Hidalgo.

Wir wechseln auf die Westseite der Gipfelkette und steigen kurz an den Hängen des Alto de Cho Eusebio hinauf. Bei der Gabelung halten wir uns auf den rechten Pfad, der bald in die Westhänge des Berges führt und sie mit Blick auf den Stausee in leichtem Auf und Nieder quert. Zwei Stunden später stehen wir an einer Weggabelung am Fuße des Morro de la Hierba Huerto. Wir ignorieren den rechts abgehenden Pfad und wandern weiter auf dem Höhenweg, der uns in zwanzig Minuten zum Sattel El Sordo leitet.

Nun wechseln wir auf die östliche Seite der Pilancones Berge. Dabei fällt unser Blick in die Einsenkung eines Seitenbarrancos. Kurz darauf queren wir den Forstweg auf den Morro de la Hierba Huerto und steigen in diesen namenlosen Barranco hinein. Steinmännchen säumen dabei unseren Weg. Wir erreichen in der Folge den Barranco del Arco, der bei dem Weiler Las Tederas auf den Barranco de la Data trifft. Der Weg wird nun zwar etwas undeutlicher, die Steinpyramiden lassen ihn uns dennoch nicht verfehlen. Mit dem Verlauf des Barrancos wandern wir durch ein trockenes Bachbett aus dem Tal hinaus. Dann queren wir auf die linke Hangseite. Auf gleichbleibender Höhe entfernen wir uns nun über einen schmalen Höhenweg immer weiter vom Talgrund. Eine viertel Stunde später haben wir den Sattel El Cucaracho erreicht. Hier führt uns ein ebener, wieder sehr deutlicher Pfad in fünfzehn Minuten zum Sattel Los Helechos.

Nach nun fast drei Stunden Gehzeit haben wir die Wende der Route, jedoch noch nicht die Hälfte der Gesamtstrecke erreicht. Der lange Rückweg wartet also noch auf uns. Hierfür benutzen wir den Forstweg, der von Süden auf den Sattel trifft. Wir folgen ihm nach links, gehen ein wenig hinab, um eine S-Kurve und nähern uns dabei nach und nach der Abbruchkante an den Waldhängen. Die gewundene Straße passiert drei tief eingeschnittene Barrancos und umläuft unzählige Hangrücken mit kleineren Einkerbungen. Dabei wandern wir fast die ganze Zeit eben dahin.

Nach nochmals ca. 2 ¼ Stunden geht es wieder bergan. Nach einer Abwärtsstrecke folgt dann der endgültige Anstieg zum Sattel von El Dinero. In weiten Serpentinen erklimmen wir die Hänge von Los Banaderos. Wir beachten die Forststraße nach rechts zum Casa Forestal nicht, sondern bleiben links auf der Hauptroute. Nach nochmals gut 200 Höhenmetern Anstieg erreichen wir eine Kreuzung. Hier halten wir uns links und gelangen nach 500 Metern zum Sattel El Dinero. Eineinhalb Kilometer später haben wir den Ausgangspunkt am Cruz Grande erreicht.

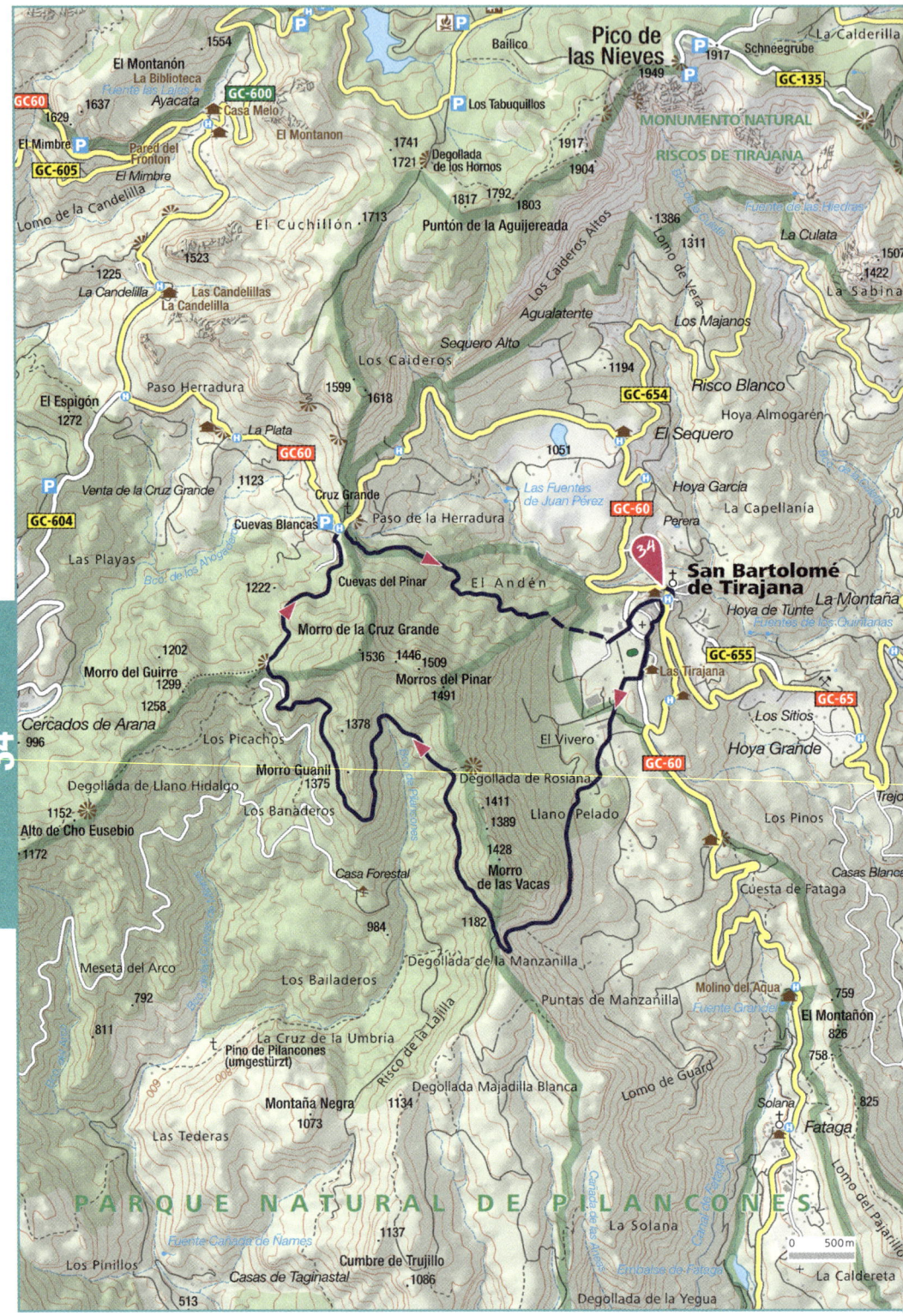

Panoramatour 34

San Bartolomé
Rundtour vom Kirchdorf in die Pilancones-Berge

DAUER	4h 30min
LÄNGE	14 km
HÖHENMETER	460 hm
SCHWIERIGKEIT	MITTEL
MIT ÖPNV ERREICHBAR	ja

Das erwartet dich ...

Die Rundwanderung führt uns über gut trassierte Saumpfade. Zwischendurch geht's auch mal über Forstpisten und asphaltierte Dorfstraßen. Der Weg zur Degollada de la Manzanilla ist steiniger als die übrige Runde. Dabei erwartet uns eine malerische Bergwelt. Mit San Bartolomé de Tirajana finden wir ein quirliges Örtchen vor, in dem wir uns nach der Runde noch ein wenig zerstreuen können.

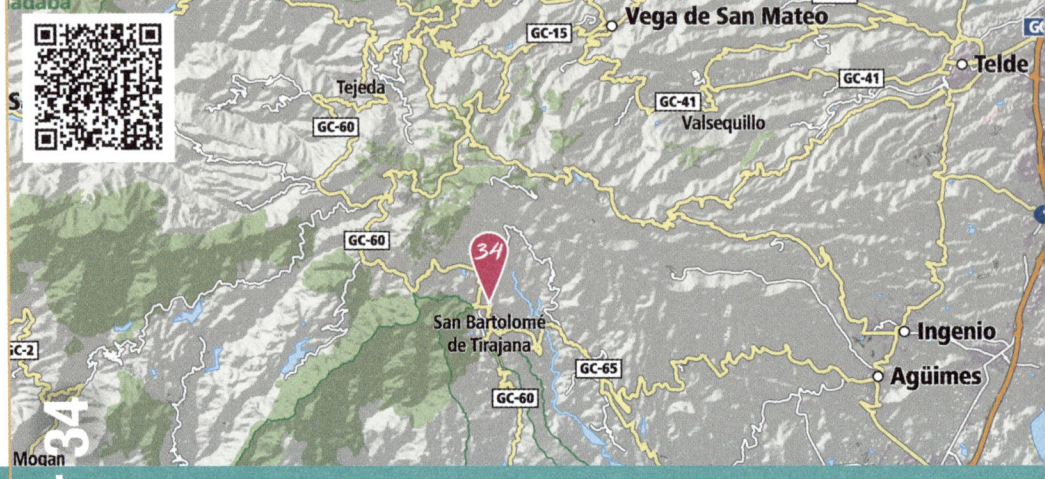

Start & Ziel & Anreise

Los geht's auf der Aussichtsterrasse an der Straße nach Maspalomas. Sie liegt etwa 100 Meter vor der Zufahrt zum Hotel Las Tirajanas oberhalb des Zentrums entfernt. Mit dem Auto erreichen wir den Ort über die GC-60 oder die GC-65 von Santa Lucía de Tirajana. Von Tejeda fährt der Bus der Linie Nr. 18 Richtung Maspalomas.

Tourenbeschreibung

San Bartolomé de Tirajana ist der Hauptort der größten Gemeinde Gran Canarias. Zu ihr gehört auch Maspalomas. Die schöne Wanderung startet also im Hauptort. San Bartolomé ist reizvoll gelegen und geht auf die Herkunft des Hl. Bartholomäus zurück. Oberhalb des Ortes liegt die opulente Aussichtsterrasse, von der aus der Ort vor der mächtigen Felskulisse des Pico de las Nieves zu sehen ist.

Wir gehen zunächst mit der Fahrstraße Richtung Maspalomas und biegen nach dem Hotelareal rechts ein. Ein Wegweiser zeigt uns hier die Richtung nach Degollada del la Manzanilla. Über die schmale Asphaltstraße gelangen wir zu einer weiteren Weggabelung, an der wir links einbiegen. Dann wandern wir immer geradeaus auf der Straße, an Fincas und Bauernhöfen vorbei. Nach einem Sportplatz erwartet uns wieder ein Wegweiser und schickt uns nach rechts auf die Schotterstraße. Wir steigen bald bergan, an einem größeren Hofgelände vorbei.

Danach gehen wir über ein ebeneres Wegstück, bevor der Weg immer steiniger wird und in die Hänge unterhalb der senkrechten Felswände hineinführt. Mit dem breiten Weg bewältigen wir gut das steile Gelände. Nach einer längeren Aufwärtspassage biegt er in den Taleinschnitt unterhalb des Sattels ein. Nach der Quelle Fuente del Solapón steigen wir über zwei Serpentinen auf den aussichtsreichen Sattel Degollada de la Manzanilla. Herrliche Blicke tun sich auf San Bartolomé und auch auf die einsame Landschaft des Naturparks von Pilancones auf.

Vom Sattel aus geht's auf der Forstpiste nach rechts weiter. Mit ihr durchqueren wir hoch über dem Barranco de la Data die bewaldeten Hänge. In sanftem Auf und Ab halten wir die Höhe durch die Hangrinnen hindurch, besonders den tief eingebuchteten Oberlauf des Barranco de Pilancones. Über eine Stunde wandern wir so dahin, dann erreichen wir den Sattel El Dinero. Kurz zuvor gesellt sich von links eine aufwärtsführende Forstpiste zu uns. Sie kommt von den Pilancones-Bergen. Am El Dinero zweigt dann links ein Saumpfad ab, der zur Morro del Guirre und weiter zum Sattel Los Helechos führt. Auf dem Sattel haben wir mit 1258 Metern den höchsten Punkt der Tour erreicht.

Gute zwanzig Minuten gehen wir jetzt die Piste sanft hinab zum Cruz Grande. Vorher passieren wir noch ein Wasserbecken, an dem wir auch auf die GC-60 treffen. Danach geht's durch einen engen Durchstich auf der Straße. Gleich darauf biegen wir rechts auf einen Schotterweg ein. Ein Wegweiser schickt uns Richtung San Bartolomé nach Süden, wenig später erreichen wir einen Saumpfad. Er ist herrlich trassiert und mit Steinstufen sowie an manchen Stellen auch mit Pflasterungen gut ausgebaut und macht das Wandern in diesem Abschnitt noch vergnüglicher. Dieser Weg verlief früher von San Bartolomé über die Bergkämme des Pico de las Nieves bis nach Teror. Heute ist er ein Teil des Jakobsweges, der von Maspalomas im Südosten der Insel bis Gáldar im Nordwesten verläuft.

Der Weg führt uns zuerst als Schotterpiste, dann folgen wir nach der Spitzkehre dem hervorragend ausgebauten Saumpfad nach rechts. Sanft führt er uns durch die bewaldeten Hänge des Moro del Pinar hinab. Wir durchlaufen immer wieder Hangeinschnitte, deren Wege mit modernen Steinschlichtungen gesichert sind. Eine dreiviertel Stunde nach dem Cruz Grande und hinter einem Hangrücken mit dem markanten Felsen Roquillo erblicken wir die ersten Häuser von San Bartolomé und einen Sportplatz. Nach ein paar Serpentinen schwenken wir auf den Talboden ein. Über einen Feldweg und an schönen Mandelbaumplantagen vorbei gelangen wir zur Dorfstraße mit einem Hinweisschild auf den Camino del Santiago. Wir folgen der Asphaltstraße nach links, spazieren an der Schule vorbei und biegen an der nächsten Kreuzung rechts ab. Jetzt sehen wir auch schon den Mirador de San Bartolomé, an dem unsere Wanderung begonnen hat.

Risco Blanco

Hoya Almogarén

Las Horcones

Peñón de la Cintura

1064

Peñón de la Arena

RESERVA NATURAL ESPECIAL

Montaña de las Tierras
1035
Tagoror
1344

Lomo de Taidía

Lomo Guaniles

Travielas

Adeje

1321
1229
1246

La Capellanía

Taidía

Pajonales

1187
1184

San Bartolomé
de Tirajana

La Montaña

Alto de Pajonales

1008

1016

El Montañón

1204

Alto del Pino

Hoya de Tunte

Fuentes de las Quintanas

GC-654

El Morisco
861

921

El Mundillo

1112

Los Tosquiales

1101

987

Rosiana

Los Sitios

Hoya Grande

GC-655

GC-65

1088

Las Hoyas

Fuente Santa

Temisas

35

Santa Lucía
de Tirajana · 845

El Parralillo

Cruz de las Vueltas

Sagrado Corazón de Jesús

Observatorio Astronómico
· 881

Trejo

653

La Rueda
Parral Grande

GC-553

Lomo de Enmedio

Los Pinos

Casas Blancas

GC-653

Las Lagunas

Hoya de
la Cebada

GC-550

Mesa de las Burras

Las Cañadillas

Cuesta de Fataga

El Ingenio

Amácigo

Lomo Blanco

GC-65

La Filipina

Mesa del Horno
724

Lomo Buriete

Morro Tehera
Teheral
912   · 79

827

759

El Montañón
826

Sorrueda

Fuente del Chorrillo

Las Montañetas

La Sorrueda

622

656   La Fortaleza Chica

758

El Sitio de Arriba

Embalse

Embalse de Cueva Blanca

536

Solana

825

Fataga

Fuente del Lomo Blanco

Museo Castillo
de la Fortaleza
de Tirajana

Piedra

La Fortaleza Grande
589

Llanos
de Guriete

La Caldereta

Lomo del Pajarillo

Landeras del Sitio

El Sitio de Abajo

El Castillejo

La Fortaleza de Ansité
574

464

Pico Majabal
673

503

Amurga

Fte. de la Tabaibita

1116

Fuente Bermeja

487

La Veta

GC-65

1109   1072
1108

Roque Almeida

Garita
1101

1075

623

Montaña de las Carbo

GC-60

Caserones de Amiba

1023

Cumbre de Amurga

Llano de las Gamonas

Morro del Escobón
806

Bco. de los palillos

Lomo del Gallego

Mesas de Cabez

GC-60

Camel Safari
Baranda

PAISAJE   PROTEGIDO

956   925

742

El Galgar

0   500m

GC-65

35

Kulturtour

Santa Lucía de Tirajana

Einsame Wanderung zur Felsbastion Fortaleza

DAUER	2h 45min
LÄNGE	9 km
HÖHENMETER	200 hm
SCHWIERIGKEIT	LEICHT
MIT ÖPNV ERREICHBAR	ja

Das erwartet dich ...

Die kleine Runde ist nicht besonders schwierig und führt uns über Saumpfade, Feld- und Schotterwege und Dorfstraßen. Leider ist die Route in dieser Form nicht ausgeschildert und daher brauchen wir ein wenig Orientierungssinn. Die Wege zur Fortaleza sind mit Wegweisern ausgestattet.

Start & Ziel & Anreise

Unser Ausgangspunkt ist Santa Lucía de Tirajana. Mit dem Auto fahren wir von Norden über die GC-60 und die GC-65 via San Bartolomé de Tirajana. Parkmöglichkeiten gibt es im Ort. Für eine öffentliche Anreise nehmen wir den Bus Nr. 18 von Maspalomas Richtung Tejeda über San Bartolomé. Von dort fährt der Bus der Linie 34 Richtung Doctoral. Haltestelle ist Santa Lucía.

Tourenbeschreibung

Ein paar Kilometer südlich von Santa Lucía erhebt sich die spannende Vulkanformation Fortaleza. Man sieht sie schon von weitem. Es handelt sich dabei um die harten Reste von Lavaströmen und Schloten, die von der Erosion nur zaghaft abgebaut werden konnten und daher wie eine Bastion aus der Ebene herausragen. In ihrem Inneren finden sich kleine Höhlen, die durch Winderosion entstanden sind.

Unser Wanderweg beginnt in Santa Lucía, an der Plaza de Paladero gegenüber dem kleinen Park. Er führt über Stufen und zwischen den Häusern hindurch von der Calle Buenavista zu einem Pflasterweg. Schnell mündet er in einer Betonpiste, die uns durch karges Wiesengelände abwärts führt. Nach gut einem Kilometer erreichen wir eine Querung mit der Straße GC-653 nach El Ingenio. Ein altes Holzschild, das die Aufschrift „Fortaleza" trägt, weist uns den Weg. Wir wandern durch altes Kulturland, dabei nähern wir uns immer mehr der GC-65. Hinter einer markanten Linkskurve endet der Feldweg in der GC-651 nach La Sorrueda. Wir folgen der Straße für ein paar hundert Meter. In einer Rechtskurve schwenken wir halb links und laufen bald parallel zur GC-65. Einen Kilometer später entfernt sich der Weg von der Straße und leitet uns als Pfad, von Steinmauern gesäumt, über den Rücken der Cumbre de Amurga.

In der Ferne erspähen wir bereits unser Ziel, den dunklen Felsriegel der Fortaleza. Eine viertel Stunde später haben wir ihn erreicht. Wir gelangen an einen großen, erdigen Parkplatz vor der Vulkanformation. Hier stehen einige Infotafeln, die uns über die geologischen und archäologischen Sehenswürdigkeiten informieren. Im Vordergrund erhebt sich die 589 m hohe Fortaleza Grande, weiter südlich die 574 m hohe Fortaleza de Ansite.

Für unseren Rückweg nach Santa Lucía folgen wir der Zufahrtsstraße zur Fortaleza. Sie leitet zunächst nach Norden und senkt sich zu einer T-Kreuzung hinab. Nach links kann man zu einem Aussichtspunkt auf den Presa de Tirajana laufen. Wir wandern jedoch geradeaus zum Weiler La Sorueda. An der Kreuzung gehen wir mit der Straße nach rechts leicht hinauf. So erreichen wir die GC-651 und einen Wanderpfad. Wir kennen ihn vom ersten Teil der Wanderung. Ihm folgen wir nach links und schlendern nun auf der bereits bekannten Route zurück nach Santa Lucía.

Map labels:

Lomo de Taidía, Travieslas, 1321, Degollada de, Pajonales, 1187, 1246, Adeje, 1184, 1229, Taidía, 1008, 1204, DE LOS MARTELES, Mesa, 1016, El Montañón, La Montaña, Alto de Pajonales, 921, Alto del Pino, 1101, La Hornill, Fuentes de los Quintanas, GC-654, El Morisco, 861, Los Tosquiales, 987, GC-65, Rosiana, El Mundillo, 1112, Lomo de los Cardo, Los Sitios, 845, Las Hoyas, 1088, Hoya Grande, 36, Fuente Santa, El Parralillo, Trejo, 653, Santa Lucía de Tirajana, Temisas, La Rueda, Cruz de las Vueltas, Los Pinos, Parral Grande, Sagrado Corazón de Jesús, Casas Blancas, GC-553, Cuesta de Fataga, Hoya de la Cebada, Lomo de Ermedio, Observatorio Astronómico, El Ingenio, Las Lagunas, GC-653, GC-550, 881, Los B, Fel, 759, Lomo Blanco, Mesa de las Burras, Amácigo, La Filipina, GC-65, Las Cañadillas, El Montañón, 826, Sorrueda, Morro Teheral, Teheral, 758, Fuente del Chorrillo, Mesa del Horno, 912, 799, 0 500m, GC-651, 724, 827, Solana, Las Montañetas, El Sitio de Arriba, La Sorrueda

36

Agüimes
Unbekannte Wege von Santa Lucía zu einer historischen Stadt

DAUER	5h
LÄNGE	14,5 km
HÖHENMETER	400 hm
SCHWIERIGKEIT	MITTEL
MIT ÖPNV ERREICHBAR	ja

Das erwartet dich ...

Die Streckenwanderung führt uns auf Dorfstraßen und gut ausgebauten alten Saumpfaden. Sie ist durchgehend mit Wegschildern und Markierungen gekennzeichnet. Unser Ziel, Agüimes, besitzt einen wunderschönen historischen Stadtkern. Unterwegs erwarten uns schöne Weitblicke über den Talkessel von Tirajana.

Start & Ziel & Anreise

Unser Ausgangspunkt ist der Dorfplatz von Santa Lucía de Tirajana, unterhalb der Kirche. Mit dem Auto fahren wir von Norden über die GC-60 und die GC-65 via San Bartolomé de Tirajana. Parkmöglichkeiten gibt es im Ort. Für eine öffentliche Anreise nehmen wir den Bus Nr. 18 von Maspalomas Richtung Tejeda über San Bartolomé. Von dort fährt der Bus der Linie 34 Richtung Doctoral. Haltestelle ist Santa Lucía.

Tourenbeschreibung

Heute wandern wir auf einem alten Verbindungsweg zwischen den Dörfern. Vor dem Bau der Straße war er die einzige Möglichkeit, zu den benachbarten Orten zu gelangen. Von Santa Lucía aus führt der Weg in den weiten Talkessel von Tirajana und auf das Plateau, das im Norden vom Barranco Guadeque begrenzt wird. Unterwegs streifen wir Dörfchen Temisas und queren mehrere kleine Barrancos. Mit Agüimes erreichen wir eine der größeren Städte im Hinterland der Insel.

Wir starten direkt am Hauptplatz von Santa Lucía unterhalb der Kirche. Zunächst steigen wir zum Cruz de Siglio auf. Dafür gehen wir entlang der GC-65 bis zum Museum, biegen aber noch vorher links ab auf die Dorfstraße. Die Route ist mit Wegweisern Richtung „Temisas" gekennzeichnet. Wir folgen der Straße zur Aula Naturaleza hinauf und weiter bis zum Parkplatz. Hier zweigt rechts der Feldweg nach Cruz de Siglio ab. Nach einer viertel Stunde geht er in einen Bergpfad über und leitet uns über mehrere Serpentinen durch die Steilwand. An der Kante erwartet uns wieder ein Wegweiser, der das Ziel Temisas angibt. Nach rechts würden wir in ca. 500 Metern das Kreuz erreichen. Wir wenden uns heute jedoch nach links, auf bequemem Bergpfad zur Geländestufe Las Hoyas empor.

Wir lassen das Talbecken von Tirajana hinter uns und betreten das weite Plateau, das zwischen den beiden Barrancos bis zur Küste hinabzieht. Kurz wandern wir eben dahin, dann senkt sich der Weg über ein paar Serpentinen durch die alte terrassierte Kulturlandschaft nach Temisas hinab. Wir erreichen das Dorf an seinem westlichen Rand. Hier mündet die steile Asphaltstraße bei einer Bushaltestelle in die GC-550. Gegenüber leitet das Sträßchen ins Dorf hinab. Wir richten uns nach der gelb-weißen Markierung und durchqueren es in einem weiten Bogen. Im Ort können wir an der Bar Tres Hermanos ein wenig rasten, nachdem wir bereits 6 km Strecke hinter uns gebracht haben.

Die Dorfstraße führt wieder zum Ortsrand und zur GC-550. Wir folgen ihr durch einen Barranco und verlassen sie dann wieder nach der Rechtskurve nach links. Ein Wegweiser zeigt uns hier die Richtung. Weiter geht's nun hinauf zum El Montañón, eine unscheinbare Erhebung auf 823 m. Wir schwenken kurz nach Süden und steigen dann den Oberlauf des Barranco de las Melosas hinunter. Kurz steigt der Weg steil an, wieder zur GC-550. Wir folgen ihr für 300 Meter, dann biegen wir vor der Linkskurve rechts auf den Wanderweg ab. So umlaufen wir den Hangrücken Lomo del Peladero unterhalb der Fahrstraße. Nach der Durchquerung des Barranco de las Vacas steht eine letzte Straßenquerung an.

Oberhalb der Straße ignorieren wir zwei Linksabzweige und halten auf die GC-550 abwärts zu. Wir passieren eine S-Kurve, dann wandern wir durch die weitläufige Wiesenlandschaft Las Cadenas de la Virgen. Von links stößt ein Fahrweg zu uns, wir bleiben jedoch stets auf dem Hauptweg, queren mehrere Wege und erreichen schließlich die Kirche Iglesia de San Sebastian bei Agüimes. Für die Rückkehr nach Santa Lucía nehmen wir den Bus der Linie 34. Der Busbahnhof befindet sich im südlichen Ortsteil unterhalb der Kreuzung der GC-550 mit der GC-100. Zum Schluss schauen wir uns noch den hübschen Ort an, der als „Conjunto histórico-artístico" ausgewiesen ist. Mit diesem Titel verleiht das spanische Kulturministerium Städten mit einem besonderen historischen Ortskern eine Auszeichnung. Ein besonderes Kleinod ist die Pfarrkirche von 1796, die im klassizistischen Stil errichtet wurde.

Carrizal

La Banda
266

GC-192

GC-1

Playa del Burrero

El Burrero

El Majano

Los Arenales

Montaña los Vélez

Llano Blanco

Autopista

Las Cañadas

Guayadeque

173

55

Las Rosas

La Florida

Las Rosas Viejas

Las Rosas

GC-191

23

Montaña Cercada

69 Arena

Vargas

Playa de Vargas

Playa de las Cruces

GC-193

89

La Laguna de Arriba

Montaña del Diablo

98

Cuervo Grande

Punta de

Punta de los Cuervitos

Los Espinales

La Laguna de Abajo

La Laguna de Abajo

Punta de la Sal

101

la Sal

Montaña

San Francisco

69

Montaña de Arinaga

Arinaga

Punta de la Monja

Playa del Carbón

Moptaña de los Espinales

GC-1

198

Albergue

La Herradura

GC-100

El Jable

Punta de Arinaga

Cruce Sardina/ Arinaga/Agüimes

Cuartería el Úrio

8 Roque de Arinaga

P. I. de Arinaga

Risco Verde

Bco. de Polvo

Playa de Arinaga

Llanos de Arinaga

Punta del Negro

Bahía de Arinaga

Punta de las Salinas

Bahía de Formas

Las Barranqueras

Playa de la Gaviota

Las Sesenta Fanegas

Los Nicolases

Punta Gaviota

Barranquillo de las Cruces

Barranquillo

La Caletilla

Pozo Izquierdo

Bahía de Pozo Izquierdo

0   500m

Küstentour 37

Arinaga
Naturschutzgebiet an der Ostküste

DAUER	2h 10min
LÄNGE	7,8 km
HÖHENMETER	200 hm
SCHWIERIGKEIT	LEICHT
MIT ÖPNV ERREICHBAR	ja

Das erwartet dich ...

Die einfache, aber schattenlose Wanderung führt über Pfade, Schotterpisten und Straßen. An einigen Stellen begegnen wir einem wahren Gewirr an vielen kreuzenden und parallel verlaufenden Pfaden. Die Orientierung fällt auf dieser Runde nicht schwer, so können wir auch ohne Weg durchs Gelände gehen. Unterwegs erwarten uns ein schöner kleiner Badestrand und eine Felsenküste. Wasser nicht vergessen, ohne Schatten kann es ziemlich heiß werden!

15 Ojos de Garza

San Bartolomé
de Tirajana

GC-65

GC-60

Ingenio

Agüimes

37

arque Natura
e Pancones

GC-65

GC-1

26 Vecindario¡Balos

Amurga

GC-60

GC-1

Start & Ziel & Anreise

Unser heutiger Ausgangsort ist Arinaga. Der Ort ist hervorragend erschlossen und direkt an die GC-1 angebunden, über die wir auch am günstigsten mit dem eigenen Auto anreisen. Von Las Palmas Estación San Telmo fährt der Bus Nr. 350 direkt und ohne Umstiege nach Arinaga. Los geht's am großen Platz an der Ostseite von Playa de Arinaga oberhalb der Risco Verde.

Tourenbeschreibung

Der Küstenabschnitt nördlich von Arinaga gehört noch zur Gemeinde Agüimes. Er ist von karger, wüstenähnlicher Landschaft geprägt. Lediglich der Vulkankegel Arinaga ragt unübersehbar fast 200 Meter in die Höhe. Mit der klippenreichen Felsküste schließt er sich zu einem hübschen, kleinen Naturschutzgebiet zusammen, gut 91 Hektar groß. Es wurde auf Grund der geomorphologischen Bedeutung des Vulkans geschaffen und schützt zugleich ein großes Vorkommen an selten gewordenen Tier- und Pflanzenarten. Wie die Gallotia atlantica delibesi, die einzige Unterart der Eidechse. Das Gebiet lädt zu kleinen Spaziergängen ein und ist bequem über diverse Straßen erreichbar.

Am unkompliziertesten gelangen wir über Playa de Arinaga ins Schutzgebiet. Daher starten wir heute am großen Platz vor dem Ort oberhalb von Risco Verde. Die Route lenkt uns zuerst kurz nach Norden und folgt der Straße halblinks. Wir schlendern durchs Wohngebiet bis zur Schotterstraße nach Arinaga. Wir folgen ihr nach links bis an eine Abzweigung. Sie führt rechter Hand hinauf zum Leuchtturm. Ockergelb bis bräunlich leuchtet die Landschaft in der Sonne und unterhält uns mit ihren bizarren Landschaftsformen, die sich vom Vulkankegel bis an die Küste erstrecken. Das Meer formt sie schließlich zu zerklüfteten Klippen. Von einem dieser Felsvorsprünge winkt uns der Leuchtturm von Arinaga zu. 41 m ragt er über dem Meer auf und ist über die Zufahrtsstraße zu erreichen. Dann wenden uns nach links, um entlang des Pfades der Küstenlinie rund um die Bucht La Herradura zu folgen. An einem runden Gebäude, das von Mauern begrenzt wird, beginnt der Aufstieg zum Vulkan.

Hier zeigen auch ein paar Holzpalisaden die Grenze zum Naturschutzgebiet auf. Gleich mehrere Pfade führen parallel dem Gipfel zu, wir halten uns dabei stets in südwestlicher Richtung. So erreichen wir eine Schotterstraße. Rechts zweigt der kurvige Aufstieg zum Vulkan ab. Am Montaña de Arinaga finden wir eine Radarstation vor. Auch ohne einen Weg können wir hier oben ein wenig umherschlendern. Dann kehren wir zum runden Gebäude zurück. Zuvor leitet uns ein Pfad Richtung Punta de los Cuervitos und Punta de la Monja. Wir queren eine Schotterstraße und gelangen in einer ausladenden Kurve zu den Häusern an der Playa del Carbón hinunter. An dem schönen Plätzchen gönnen wir uns erst einmal eine Rast und wagen vielleicht sogar einen Sprung in die Fluten. Zurück zum Ausgangspunkt folgen wir der Zufahrtsstraße zur Playa bis zum runden Gebäude. Dann folgen wir der Schotterpiste, bis wir nach rechts die Asphaltstraße zum Risco Verde nehmen.

Autoren Tipp

In Arinaga gibt es ein sehr gutes Fischrestaurant. Es befindet sich in einer Kalksteingrotte, aus der man durch Panoramafenster aufs Meer sehen kann. Täglich ab Mittag werden Spezialitäten wie Muscheln mit Mojo oder Hummer vom Grill serviert (Hornos de Cal, Av. Playa de Arinaga). Hier lautet das Motto zurücklehnen und genießen.

Waldtour

38

Ayagaures
Stauseen und einsame Kiefernwälder

DAUER	5h 30min
LÄNGE	17,5 km
HÖHENMETER	750 hm
SCHWIERIGKEIT	MITTEL
MIT ÖPNV ERREICHBAR	nein

Das erwartet dich ...

Technisch ist die Wanderung zwar nicht allzu schwer, dafür ist sie sehr lang. Ein früher Aufbruch ist unbedingt zu empfehlen! Die Route führt uns auf gut ausgebauten Bergpfaden, Forstpisten und Erdwegen. Die Wegführung ist dabei immer eindeutig zu erkennen. Touren im Süden sind stets mit größerer Hitze verbunden, unterwegs gibt es keine Einkehrmöglichkeit, auf das Sprudeln der Quelle von Pilancones auf halber Wegstrecke kann man sich nicht verlassen. Daher unbedingt viel zu Trinken einpacken!

Start & Ziel & Anreise

Los geht's in Ayagaures. Wir können den heutigen Ausgangspunkt nur mit dem PKW erreichen. Er liegt am Ende der Fahrstraße GC-504, neun Kilometer von Las Palomas entfernt. Parkmöglichkeiten befinden sich direkt bei der Staumauer der Embalse de Ayagaures. Wer öffentlich anreisen möchte, muss sich wohl oder übel von Maspalomas ein Taxi nehmen.

Tourenbeschreibung

Das Hinterland von Maspalomas ist einsam und ursprünglich, ganz im Gegensatz zur nahe liegenden Touristenhochburg. Eindrucksvoll präsentieren sich die typische Barranco Trockenlandschaft und die Kiefernwälder auf einer Höhe von rund 1000 Metern. Auf dem Rückweg verzaubern uns kleine, einsame Bergfincas. Deutlich präsentiert sich unser Weg, der zumeist in freier Landschaft angelegt ist. Der Hinweg auf einem schönen trassierten Bergpfad ist spannender als der Rückweg, der uns fast sieben Kilometer über Erdpisten und Schotterstraßen führt. Dafür entschädigen uns in diesem Abschnitt tolle Blicke auf die Stauseen.

Von der kleinen Gemeinde Ayagaures beginnen wir unmittelbar am Dorfplatz. Wir wandern nach Norden aus dem Dorf bis zur Staumauer Embalse de Ayagaures. Hier befindet sich ein Wegweiser zum GC-PR-40, der von Maspalomas nach Llanos del Garanón verläuft. Wir wandern am Stausee entlang, bis der Asphalt endet. Über eine steinige Piste bewältigen wir ein paar Spitzkehren. In der dritten Kurve folgen wir einer Schotterpiste nach rechts. Sie führt über die Staumauer der Embalse de Gambuesa zu den Fincas von Ayagaures Alto hinauf. Auf der Route queren wir die Staumauer und biegen dann links ab. Schnell geht die Schotterstraße in eine betonierte Piste über. Wir steigen in mehreren Kehren durch den Ort hinauf. Malerisch liegt das Dörfchen über dem Stausee und wird umrahmt von Palmenhainen und Gemüseplantagen. Am obersten Grundstück folgen wir dem Zaun erst nach rechts, dann nach links. Dann erreichen wir über einen Erdpfad den gut ausgebauten Saumpfad.

Jetzt beginnt unser Hauptanstieg, der schöne Bergpfad wird uns die nächsten eineinhalb Stunden begleiten. In angenehmer Steigung erklimmen wir die Hänge und erreichen nach einer halben Stunde einen ausgedehnten Kiefernhain. Wir werfen ein paar herrliche Blicke zurück, die Stauseen funkeln noch schwach in der Ferne. Wir folgen dem Weg und kommen wenig später an dem durchlöcherten, bizarren Felsen Punta de los Atajos vorbei. Unsere Route biegt zu Füßen der Cumbre de Trujillo ein wenig nach rechts. Dann umrunden wir eine Hangnase und blicken zu unserer Linken auf ein verfallenes Gehöft. 15 Minuten später mündet der Pfad über einige Steintreppen auf eine Erdpiste, die uns nach links in zwanzig Minuten auf einen Sattel zu Füßen des Vulkanfelsens der Montaña Negra bringt. Damit haben wir das Ende des Hauptanstieges erreicht. Vom Sattel windet sich eine breite Forststraße um mehrere Taleinschnitte herum. Wir folgen ihr eine gute halbe Stunde. Bei einer markanten Kreuzung erreichen wir schließlich die Wende der Tour. Von links kommt der PR-GC 40 herauf, überquert die Piste und setzt sich nach links Richtung Degaollada de la Mananzilla fort. Am Kreuzungspunkt stehen Wegweiser Richtung Maspalomas und Llanos Garanón. Ein verfallenes Schild zeigt uns die weitere Gehrichtung an. Es zeigt nach links hinab und trägt die Aufschrift „Camino de Pilancones". Die Erdpiste läuft weiter geradeaus zur Casa Forestal de Pilancones samt Campingzone.

Jetzt lassen wir uns vom Sentiero de las Muertos führen. Der Weg ist recht bekannt und führt durch den Pinienwald abwärts. Die Route soll im 19. Jahrhundert für Trauerzüge verwendet worden sein, die von den Küstendörfern nach San Bartolomé unternommen wurden. Dort lag der einzige christliche Friedhof der Insel. Die Geschichte des Weges ist ein wenig traurig, tut jedoch der Schönheit der Landschaft keinen Abbruch. Wir steigen in den Beginn des Barranco de la Data hinunter. Er wird im Norden von den bizarren Gipfeln Morro del Guirre und Alto de Cho Eusebio abgeschlossen. Wir steigen steil den bewaldeten Hang hinab. Bald schwenkt der Weg nach links und flacht allmählich ab. Zwanzig Minuten, nachdem wir die Wende verlassen haben, gelangen wir zum Rastplatz an der einstigen Pino de Pilancones. Sie wurde 2005 durch einen Waldbrand zerstört.

Fortsetzung Tour 38

Hier stand ein über 50 Meter hoher Baum, doch das Feuer hat lediglich den verkohlten Strunk und das riesige Skelett der Kanarienkiefer übrig gelassen. Daneben steht ein eisernes Denkmal. Wie ein gestrandeter Wal liegt der Baumriese am Hang. Auf dem Rastplatz können wir uns kurz auf einer steinernen Bank niederlassen. Mit frischen Kräften geht's dann in ein paar Minuten zur Geländekante Descansadero de los Muertos – Ruheplatz der Toten. Sie leitet den Hauptabstieg ein. Ein Kreuz samt Steinsäule markieren die Wegstelle, an der die Menschen früher auf ihren Prozessionen nach San Bartolomé rasteten.

Ein kunstvoll trassierter, teils gepflasterter Weg leitet uns nun in den Barranco hinab. Wir lassen die Kiefern hinter uns und wandern bald durch Trockenvegetation aus Opuntien, Tabaiba, Cotéso und Palmen. Unter uns erblicken wir bereits das Areal der Fincas von Las Tederas. Nach einer Stunde ab Wende haben wir die obersten Höfe erreicht. Wir passieren sie oberhalb, dann mündet der Saumpfad in eine Erdpiste – hier steht auch ein Wegweiser. Doch schon zwanzig Meter später wechseln wir nach links auf einen Wanderweg. Er bringt uns zum Bachbett des Barranco. Nach seiner Querung steigen wir am anderen Ufer wieder 50 Meter hinauf und erreichen schließlich einen Wegweiser und eine Fahrstraße. Sie kommt von Ayagaures und wird und das letzte Stück des Weges begleiten.

Nach links führt sie uns über eine Wegschleife durch den Taleinschnitt des Barranco del Arco. Zu unserer Linken stehen ein paar Häuser von Las Tederas. Dann wandern wir 1¼ Stunden aus dem Tal hinaus. Die Staumauer der Embalse de Gambuesa rückt immer näher. An einem Sattel mit weißem Haus wartet der letzte Abstieg. Er bringt uns in zwanzig Minuten an jene Weggabelung, an der wir vor fünf Stunden die Wanderung begonnen haben. Wir halten uns rechts und schlendern den bekannten Weg zurück nach Ayagaures. Zum Abschluss kehren wir in die Bar Los Toscó ein.

Blick auf den Stausee

Montaña del Pino de Eugenio
913
972
544
El Ventoso
Los Portillazos
Roque Almeida
Garita
1101
Caserones de Amiba
1023

Casas de Ayagaures Alto
Morro del Acebuche
1009
1004
861
39
GC-60

PAISAJE   PROTEGIDO

Embalse de Gambuesa
135
Los Vicentes
Vicentillos
Camel Safari Baranda
Paso de los Pinos
956
942
935
1002
Cerro Puercos

Bar
309
Alto de la Cogolla
621
Degollada del Gigante
605
Cañada de Geuco
Arteara
Manolas Camels Safari
GC-601

Ayagaures
552
GC-503
579
GC-602
Fuente de los Pericos
Necrópolis de Arteara
902
862
864
864
Los Castillejos

Los Tarquillos
GC-504
562
Guajafa
628
636
DE FATAGA
Vega de

Los Palmitos
Servia
595
Degollada Ancha
662
Pico de la Cogolla
626
Gitagana
Alto del Caracol
Alto de la Vega
Lomo de la Palma

Zoo Park
Kiosk
Morro de la Palmita
629
Llanos de Amurga

Andén de los Palmitos
Degollada de las Yeguas
552
Mirador Fataga
Mirador Fataga
Montañeta Redonda
495
Mundo Aborigen
466
Mundo Aborigen
Llanos de Orán
Lomo de los Pajaritos
Hoya de Toledo
421
469

GC-503
Monte León
Lomo de
395
Mesetilla de la Gorra
355
Alto del Burro
Mesa de la Tabaiba

Roca Negra
Alto de la Gorra
Llano de la Gorra
la
Degollada del Burro
Montaña de la Sabineta
379
Degollada de las Sabinas
277

Rancho Park
GC-504
226
El Paso
269
Mesa de las Cardos
231

214
Castellanas
Cogolla
244
GC-60
Mesa del Corralillo
Mesa de las Sabinas
La Gloria
204

Montaña la Data
La Cabaña Park
184
El Montañón
162
Lomo Perera
162
Los Tarques

Montaña Baja
141
Lomo de Maspalomas
Mesa del Canario
Mirador
Urbanización Rocas Rojas

GC-503
Aqualand Maspalomas
Media Fanega
El Lomo
La Casa Vieja
Pepe El Braca
Fataga/El Lomo
Mesa de las Cuevas
Las Burras
Playa del Inglés
Clínica San Agustín
San Agustín
Costa Canaria Folías

El Salobre
Lomo Gordo
Maspalomas
65
43
Gorbea
Loopy's

Lomo los Azules
GC-504
GC-1
San Fernando
Miko's Café
Don Gregory
Beverly Park
Flores
Parque de las Burras

El Tablero
88
39
GC-500
0   600m

Cuarterías de Calderín
El Tablero
Ocean Park
Eugenia Victoria
Buenaventura
Parque Tropical
Playa de las Burras
Mirador Maspalomas

39

Canyontour

Barranco de Fataga
Durch einen typischen Trocken-Canyon

DAUER	3h 30min
LÄNGE	13,5 km
HÖHENMETER	70 hm
SCHWIERIGKEIT	LEICHT
MIT ÖPNV ERREICHBAR	ja

Das erwartet dich ...

Die Wanderung führt uns recht einfach über eine breite Erdpiste. Dabei wandern wir bis auf den Anstieg zu Beginn stetig abwärts. Die Route ist nicht markiert, die Orientierung fällt allerdings hier nicht schwer. Unterwegs bekommen wir einen schönen Eindruck von der einsamen und schroffen Bergwelt des Inselsüdens auf der einen Seite. Die Gegend um Aretara erstrahlt mit üppigem Grün und Palmen. Mit Fataga kommen wir in den Genuss eines der schönsten Bergdörfer Gran Canarias.

Start & Ziel & Anreise

Ausgangspunkt ist der Dorfplatz vom schönen Örtchen Fataga. Direkt an der Hauptstraße GC-60, wo sich auch die Bushaltestelle befindet. Mit dem PKW fahren wir von Norden wie auch aus südlicher Richtung über die GC-60 an. Der öffentliche Bus Nr. 34 fährt von San Bartolomé Richtung Doctoral über Fataga.

Tourenbeschreibung

Einsam ist die Bergwelt rund um den Barranco de Fataga im Süden der Insel. Die Straße zum Ausgangspunkt führt uns am imposanten Mirador de Fataga vorbei, dessen schroffe Wände wir später bei der Wanderung aus dem Barranco aufragen sehen. Um Arteara herum wird die Gegend lieblicher. Und bald schon mischen sich unter üppiges Grün die weißen Häuschen von Fataga, die sich auf einem Bergsporn aneinanderdrängen. Das Örtchen wird von Mandelbäumen umgeben. Ende April wird hier das Mandelblütenfest gefeiert. Aber auch Aprikosenplantagen, Palmenhaine und Weinberge tummeln sich in der näheren Umgebung. Wer die Tour in Fataga beginnt, kann die Tour gleich mit einem Streifzug durch den Ort verbinden. Bei Anreise mit dem Bus müssen wir erst 2,3 km auf der Fahrstraße zum Ausgangspunkt zurück abwärtsgehen.

Wir beginnen die Tour beim Wegweiser der GC-602 „Presa de Ayagaures", die einen Kilometer nördlich von Arteara nach links von der GC-60 abzweigt. Gut 200 Meter unter uns liegt der Camel Safari Park. Wir begeben uns auf eine Erdpiste, die den Oberlauf des Barranco umschlängelt. Dann strebt sie aus dem Tal hinaus. Nach kurzer Zeit erblicken wir das Gräberfeld von Arteara links unter uns. Hier wurden Überreste der Kultur der Ureinwohner von Gran Canaria gefunden. Über 800 Gräber gab es hier, bestückt mit Grabbbeigaben, in manchen lagen sogar noch Mumien. Heute sind die Fundstücke im Museum in Las Palmas ausgestellt. Unser Hauptweg nach Arteara verläuft hauptsächlich in südliche Richtung in den Barranco hinein. Nur einmal müssen wir eine Abzweigung beachten. Wir erreichen sie nach 3,7 km nach einem leichten Anstieg.

Unser Weg schickt uns in einer lang gezogenen Rechtskurve der GC-602 nach links. Serpentinen schlängeln sich den Hang hinab. Eine viertel Stunde später wandern wir in ein üppig bewachsenes Seitental, das von rechts einmündet. Wir spazieren über das Gelände der Paisaje Protegido de Fataga, auf dem sich die Gemüseplantagen aneinanderreihen. Nach einer Senke steigen wir zu einer Kreuzung auf, in die ein Schotterweg einmündet. Wir sind bereits knappe 6 km unterwegs, da geht's durch eine Senke und anschließend einen Sattel hinauf. Wir wandern durch spannende Trockenvegetation, dann beginnen wir nach knapp 7 km Gesamtgehzeit den Abstieg.

Über mehrere Serpentinen wandern wir nun in den Talboden des Barranco hinunter. Nach knapp 8 km passieren wir rechter Hand eine Finca. Hier queren wir auf die gegenüberliegende Barrancoseite und wandern auf gut ersichtlichem Weg talauswärts. Nach etwas mehr als 9 km wechseln wir erneut die Talseite. Wir passieren ein paar Quellfassungen und eine Finca, dann wird der Canyon enger. Nach ca. 10 km wechseln wir bei einer Finca nochmals auf die linke Talseite. Eine viertel Stunde später kommen wir an einem riesigen Schotterwerk vorbei, das sich aber zum Glück auf der anderen Seite befindet.

Nach 11,8 km haben wir dann das Ende des Barranco erreicht. Vor dem Bau der modernen Straße war er jahrhundertelang eine der wichtigsten Verbindungsrouten zwischen Südküste und Inselzentrum. Die Fahrstraße bringt uns in einer viertel Stunde zur GC-60. Beim großen Kreisverkehr haben wir den Ortsrand von Maspalomas erreicht. Die Einsamkeit ist gewichen, die Touristenhochburg erwartet uns lärmend und quirlig. Vom Kreisverkehr aus gehen wir nach Süden, überqueren die Autobahnbrücke. Hier befindet sich die Bar La Casa Vieja und die Bushaltestelle. Wer sich in Maspalomas noch ein wenig die Zeit vertreiben möchte, der kann von hier aus durch moderne Parkanlagen oder entlang von Radwegen weiter südwärts bis zur Küste mit den Hotelanlagen wandern.

Lomo del
Platero

Punta de
los Palomeres

Punta de
los Palomeres

Punton de
las Vueltecillas

328
341

405

Punta del Canario

406

La Candelaria

Pontones de
la Huertecilla

336
343

368

GC-505

279

376

Urb. Tauro
Coutry Club

Urbanización
Halsodalen

Lomo de

El Molinete

Platero

Pueblo de Tauro

la Toscas

255   304

La Playa de Tauro

Anfi Tauro
Golf

88

Aquapark de
Puerto Rico

El Motor Grande

Cuarterías de la Mina

GC-500

Parque Aquático
Puerto Rico

Playa del Cura

Montaña Amadores   187

Zamora

El Chaparral

134

GC-1

San José

Punta del Tablero

La Bolera

181

P

Oliver

Playa de los
Amadores

Puerto Plata

Santa Lucía

Lomo de

Punton de

Puerto Azul

105

Inciensos

Punta del Rey

Don Quijote

Mesa de
las Vacas

Puerto Rico

El Pirata

159

146

Puntón del
Palomo

Puerto
Estrala

Playa de Puerto Rico

GC-500

169

Aquamarina

Piedra

Punta del Canario

64

Anfi
Beach Club

40

La Verge

Playa de Balito

Aquamarina

Balito

Aquarela

Punta de los Inciensos

La Canaria
Steigenberger

GC-1

Los Caideros

Punta de la Vega

Playa de la Vega

Doñana

Patalavaca

Comisa del Suroeste

Cueva Pirata
Green Beach

Los Canarios

Sunwing
Don Carlos

Los Canarios

Las Casas

Punta de Lacarrera

León

Punta de la Lajilla

El Pescador

GC-505

La Playa de Arguineguín

La Mar

Casa de
Huéspedes

Barrio Chio

Arguineguín

GC-500   94

Playa Mar

El Moral

Meteo II Pecio/Wrack

Bahía de
Santa Águeda

Punta del Parchel

Pecio/Wrack

0   500m

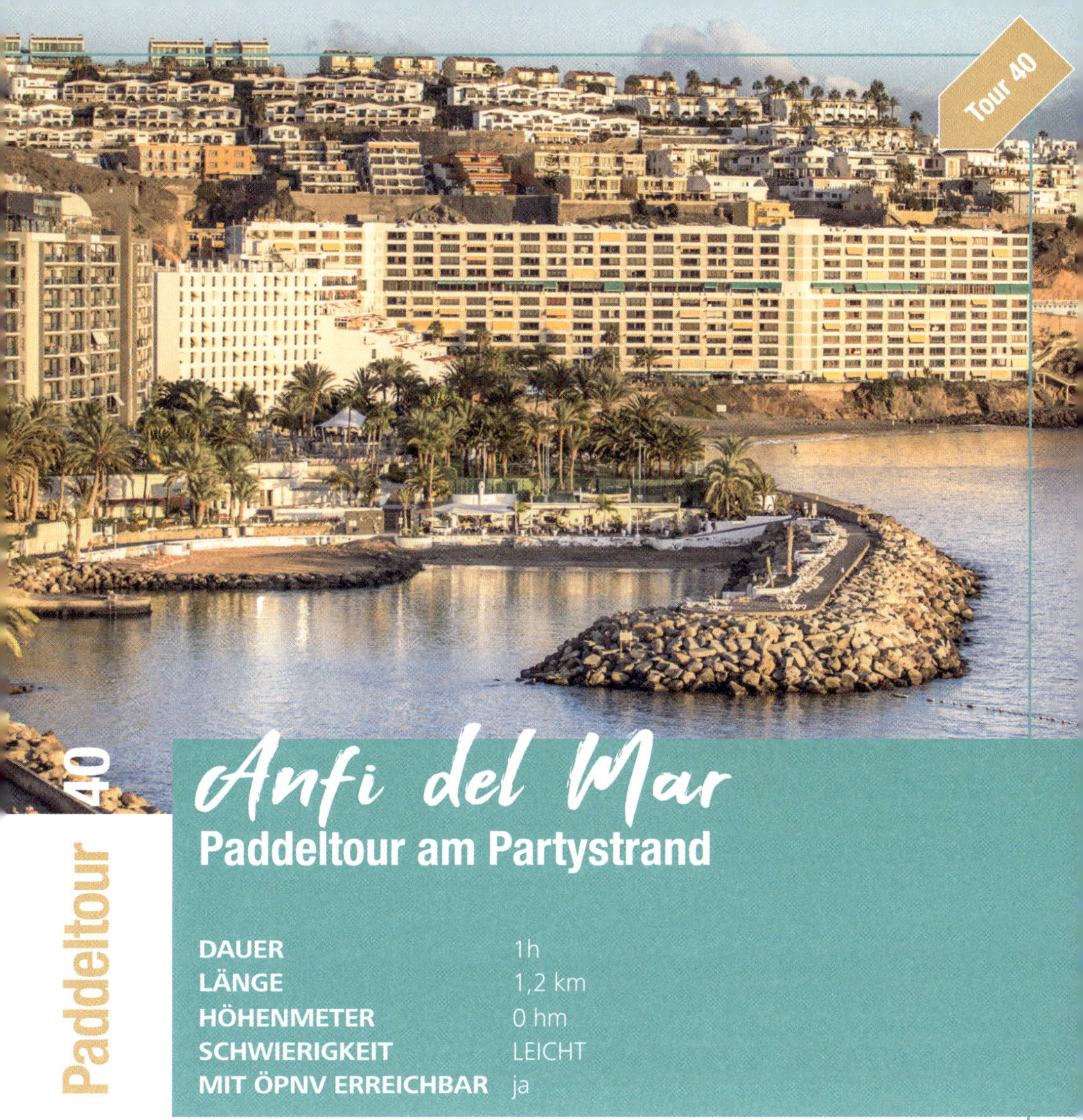

Paddeltour 40

Anfi del Mar
Paddeltour am Partystrand

DAUER	1h
LÄNGE	1,2 km
HÖHENMETER	0 hm
SCHWIERIGKEIT	LEICHT
MIT ÖPNV ERREICHBAR	ja

Das erwartet dich ...

Der gemütliche Strand im Süden Gran Canarias befindet sich ganz in der Nähe von Mogán. Er erwartet uns mit traumhaft feinem weißen Sand. Das Meer ist hier so ruhig, dass man sich manchmal gar nicht mehr sicher ist, ob man überhaupt am Atlantischen Ozean ist. Daher ist der Strand besonders bei Familien mit Kindern sehr beliebt. SUPen macht natürlich unter diesen sanften Meeresbedingungen ganz besonders viel Spaß.

Start & Ziel & Anreise

Heute sind wir am Playa Anfi del Mar unterwegs. Die Anfahrt zum Strand Playa Anfi del Mar erfolgt über die Küstenautobahn GC-1 in Richtung Arguineguín und Puerto Rico. Hier wechseln wir auf die GC-500 in Richtung Anfi del Mar. Parkmöglichkeiten gibt es am Ende der Zufahrtsstraße zum Strand (Lugar Anfi del Mar) oder am Kreisverkehr. Von Las Palmas Estación San Telma fährt der Bus Nr. 01 Richtung Puerto de Mogán. Haltestelle ist Aguamarina.

Tourenbeschreibung

Der Strand von Anfi del Mar bietet uns alles, was das Herz begehrt, und was man bei einem doch so relativ kleinen Strand nicht erwarten würde: Kajaks, Tretboote und natürlich auch Stand Up Boards für einen vergnüglichen Ausflug aufs Meer, Strandliegen, um sich ganz entspannt zurücklehnen zu können und dem Rauschen des Meeres zu lauschen. Für den kleinen oder großen Hunger nach all dem Badestress befinden sich in unmittelbarer Nähe ein Supermarkt und ein paar einladende Cafés und Restaurants.

Der Strand ist eigentlich erst in den letzten Jahren bekannt geworden. Zuvor war er eher unter den Einheimischen unter dem Namen Playa de la Verga ein Begriff. Ende der 80er Jahre wurde in dieser Bucht ein Ferienresort gebaut und der Strand wurde in Folge dessen Anfang der 90er künstlich angelegt. Dafür wurden über 10.000 Tonnen weißer Karibiksand von den Bahamas importiert. In der Tat lassen der weiße Sand und die schönen Palmen zeitweise karibisches Flair durch die Bucht wehen. Der Strand ist gut 200 Meter lang und in der Saison wird's hier ziemlich voll. Ursprünglich sollte der Strand Teil des privaten Beachclubs Anfi del Mar werden, also auch nur für Mitglieder zugänglich sein. In Spanien sind Privatstrände jedoch per Gesetz verboten, so kommen alle in den Genuss dieses tollen Strandes.

Wir lassen unser Brett also in der schönen Bucht ins Wasser. Hier geht es sehr seicht ins Meer, das Wasser hat angenehme Temperatur und leuchtet türkisfarben. So paddeln wir aus der kleinen Bucht hinaus. Natürlich kann man so weit paddeln, wie man möchte. Wir schauen heute mal um die kleine Zunge herum zum Strand vom Radisson Blue Hotel. Achtung beim Rauspaddeln, die Bucht ist mit kleinen Bojen und einem Seil abgesperrt. Da bleibt nur der kurze Sprung ins Wasser. Nach einem kurzen Hallo am Hotel und dem davor liegenden Playa Aquamarina paddeln wir wieder hinaus. Am Hotel vorbei geht's zum nächsten Strand – dem Patalavaca. Hier ist der Sand eher grau. Die Tour sollte außerdem nur bei ganz ruhigen Bedingungen unternommen werden, denn bei starkem Südwestwind können schon mal hohe Wellen entstehen. Die beiden Strände – ein Stein- und ein Sandstrand – werden durch ein Steinplateau getrennt. Nach einem kurzen Sonnenbad paddeln wir wieder zurück.

Las Cabezadas

- 328

Barranco de la Data

Presa de los Curvejos

Casa de la Culata

214

Montaña la Data

Embalse de Cañada Honda

La Cabaña Park

GC-604

Embalse de Río Fría

Embalse de Curbela

Salobre Golf

Lomo los Pajaritos

Montaña Baja

162

Lomo Perera

Presa Lomo Perera

141

GC-503

Aqualand Maspalomas

Media Fanega

El Salobre

Embalse de Montaña Blanca

Embalse de Balancones

Lomo Gordo

Lomo los Azules

P

53 Salobre Golf

Go-Kart-Racing

Maspalomas

GC-504

47

El Tablero

San Fernando

Miko's Café

Estación de Seguimiento Especial de Maspalomas

126 · 154

Cuarterías de Calderín

88

El Llanito

INTA Maspalomas

48

El Tablero

Ocean Park

Mirador Maspalomas

Holiday World

Los Apaches

Cuarterías de Montaña de Arena

Pedrazo

Barranco

Pasito Blanco

50

GC-1

Sonnenland

Campo Internacional

C.C.Faro 2

El Pinacho

GC-500

Las Meloneras

GC-500

Amair

Las Palmas de Arriba

Bahía de Santa Águeda

41

Pasito Blanco

Cuarterías del Torreón

Hospital San-Roque Maspalomas

45

Punta de las Carpinteras

Punta del Cometa

Maspalomas

Kamelreiten

Punta de Pasito Blanco

Playa de las Meloneras

FREE MOTION (Bikes u. Tours)

Mercurio

Las Palmas de Abajo

La Charca

L'Orabgerie

Maspalomas Oasis

La Bódega

Faro Maspalomas

Faro Maspalomas

Playa de las Mujeres

Playa de Maspalomas

0   500m

Paddeltour 41

Playa Pasito Blanco
Ruhiger Sandstrand im Inselsüden

DAUER	45min
LÄNGE	1 km
HÖHENMETER	0 hm
SCHWIERIGKEIT	LEICHT
MIT ÖPNV ERREICHBAR	ja

Das erwartet dich ...

Der Playa de Pasito Blanco ist wohl der ruhigste Strand der Insel. Er lockt mit feinem, dunklen Sand und ist ein wahres Paradies für Erholungssuchende. Am Wochenende wird's ein bisschen voller, dann kommen jedoch zumeist nur Einheimische an den Strand. Der Strand liegt zum Glück noch im Dornröschenschlaf. So gibt es aber auch kaum Infrastruktur wie Restaurants, Duschen oder Liegestühle. Dafür hört man an manchen Tagen nichts als den Wind säuseln und das Meer rauschen.

Start & Ziel & Anreise

Unser Paddel Strand liegt in Pasito Blanco, direkt neben Maspalomas. Von Las Palmas fährt der öffentliche Bus Nr. 01 Richtung Puerto de Mogán über Maspalomas. Haltestelle ist Cruce Pasito Blanco. Mit dem Auto geht's über die Süd-autobahn Richtung Maspalomas. Über den Kreisverkehr in die Calle de la Goleta. Durch die Schranke ins private Wohngebiet. In der Calle de la Coleta gibt's Park-möglichkeiten. Dann muss man allerdings noch gut zehn Minuten zu Fuß gehen.

Tourenbeschreibung

Nicht ohne Grund ist der Playa Pasito Blanco so ruhig und einsam – es gibt nicht wirklich einen öffentlichen Weg zum Strand. Um an den Strand zu gelangen, müssen wir über das Privatgelände des Yachtclubs laufen oder an den Klippen entlang. Doch die Mühe lohnt, denn Ruhe, feiner grauer Sand und eine herrliche Bucht sind die ersten Dinge, die uns schier ins Auge springen – vor allem unter der Woche, wenn hier fast garnichts los ist. Ein Stück weiter unten des Strandes Richtung Osten wird es steiniger, aber so richtig idyllisch.

Nachdem wir unser Equipment zum Strand befördert haben, lassen wir auch schon das Brett zu Wasser. Es geht schön seicht ins Meer, das meist recht ruhig ist. Durch die Molen ist der Strand wind- und strömungsgeschützt. So können wir hier also das ganze Areal der kleinen Bucht abpaddeln. Bei wirklich nur guten Bedingungen und ganz ruhigem Meer ist ein Ausflug zum benachbarten Playa

Meloneras. Hier ist es merklich voller, während der Hochsaison kann uns da im Vergleich zu unserem beschaulichen Play Pasito Blanco schon mal der Kulturschock treffen. Aber einfach um mit dem Paddleboard kurz Hallo zu sagen, ist es in Ordnung. Vorsicht ist geboten, wenn wir am Steinufer zwischen den Stränden entlangpaddeln. Hier ragen immer wieder Steine sichtbar aus dem Meer, oder befinden sich knapp unter der Meeresoberfläche, so dass man sie nicht unbedingt gleich sehen kann. Daher ist die Ausdehnung der Paddeltour auch wirklich nur bei besten Bedingungen empfohlen.

Auf dem Rückweg in unsere kleine Bucht schauen wir den Fischern zu, wie sie gelassen am Ufer sitzen und warten, bis der nächste Fisch beißt. Nach dem Ausflug können wir noch ein entspanntes Sonnenbad am Strand einlegen und unsere (selbst mitgebrachte!) Brotzeit genießen. Natürlich lassen wir es uns nicht nehmen, einfach auch so nochmal ins glasklare Meer zu hüpfen und eine Runde zu schwimmen. Apropos glasklar – Schnorchel und Tauchbrille sind auch nicht verkehrt. Die Bedingungen zum Schnorcheln sind hier optimal!

42

Dünentour

Las Dunas
Durch die Dünen von Maspalomas

DAUER	2h
LÄNGE	8 km
HÖHENMETER	20 hm
SCHWIERIGKEIT	LEICHT
MIT ÖPNV ERREICHBAR	ja

Das erwartet dich ...

Die kleine Runde bewegt sich durchgehend auf Meeresniveau. Wir durchstreifen die Sand- und Dünenlandschaften auf teilweise markierten Wegen. Zwischendurch wandern wir auch an der Küstenlinie und an der Promenade entlang. Die ausgedehnten Sandstreifen bieten uns heute mal ein ganz anderes Bild als die schroffe Berglandschaft im Inselinneren. Vor allem Naturfreunde kommen bei dieser Tour ganz auf ihre Kosten.

Start & Ziel & Anreise

Heute starten wir von Maspalomas, genauer gesagt vom Besucherzentrum Las Dunas beim Hotel Riu Palace de Maspalomas. Mit dem Auto erreichen wir die Stadt über die GC-1, die Autopista del Sud. Über die Avenida de Tirajana fahren wir zum Hotel Riu Palace. Parkmöglichkeiten gibt es in der Calle las Dunas. Wir erreichen den Ausgangspunkt aber auch mit öffentlichen Bussen der Linien 1, 4, 5, 30, 50, 150, 151.

Tourenbeschreibung

Eigentlich brauchen wir heute gar keine Routenbeschreibung. Die Wegführung ergibt sich auf Grund der topografischen Gegebenheiten ganz von selbst. Die Sanddünenlandschaft an der Südspitze Gran Canarias ist so ganz anders als der Rest der Insel. Einen so ausgedehnten Sandstreifen findet man weder auf Teneriffa noch auf La Palma. Der Badetourismus steht zwar auch hier im Vordergrund, aber besonders Naturfreunde werden hier allerlei Attraktionen finden. Eindrücke, Ausblicke und Panoramen sind zwar gänzlich unterschiedlich zu denen der übrigen Touren, doch stehen sie ihnen in nichts nach. Die Dunas de Maspalomas stehen seit 1994 unter Schutz und nehmen eine Fläche von etwa 400 Hektar ein.

Das Besucherzentrum der Dünen liegt samt Aussichtsplattform direkt vor dem Hotel Riu Palace de Maspalomas. Eine Treppe führt in die Sandlandschaft. Zahlreiche Wege führen von hier aus mit bunten Holzbohlen markiert durch die Dünenlandschaft. Nicht jeder Besucher hält sich leider an die vorgegebenen Routen, die Landschaft ist regelrecht von Pfaden zerpflückt. Wir respektieren selbstverständlich die Schutzauflagen und halten uns auf den markierten Routen in diesem äußerst sensiblen Lebensraum. Die nördliche, blaue Route führt uns parallel zum Golfplatzgelände durch den meerfernsten Bereich. Er ist auch am stärksten verwachsen. Die gelbe Route läuft im Winkel von 45° von der Plattform zur Küste. Egal, welche der beiden Routen wir wählen, wir orientieren uns stets am Leuchtturm. Über die gelbe Route stoßen wir auf die Küstenlinie und dann den Leuchtturm. Über den blauen Weg müssen wir auf Höhe des einmündenden Bachlaufs nach Süden biegen. Dann folgen wir dem ausgetrockneten Flusslauf bis zur Kamelsafari. Nach rechts gewandt durchqueren wir das betonierte Barrancobett, anschließend ist das Gelände aus Naturschutzgründen mit einem Zaun verschlossen.

Auf der anderen Seite geht's nach links zur Promenade, der wir 500 Meter zum Beobachtungsstand El Charco folgen. Das Wasser von El Charco besteht aus einem Gemisch aus Süßwasser, das zur Regenzeit aus dem Barranco de Fataga kommt, und von Meerwasser, das bei Winterstürmen eingespült wird. Hier können wir verschiedene Reiherarten, Blässhühner und andere Watvögel wie Flussuferläufer aber auch iberische Wasserfrösche beobachten. Dafür gibt es am Straßenende eine terrassenähnliche Plattform mit Schautafeln. Gute zehn Minuten später erreichen wir die Küstenlinie. Der Faro de Maspalomas steht am Übergang von der Playa de Maspalomas zur Playa de las Meloneras. Am Ende der Fahrstraße gehen wir über die breit gemauerte Strandpromenade zum Leuchtturm.

Hier führt uns die Küstenlinie nach links zu den ersten Dünen. Der Sand wurde aber nicht, wie oft fälschlicherweise behauptet wird, von der Sahara angeweht. Es handelt sich hierbei eher um einen Eigenbau der Insel. Die vorgelagerten Korallenbänke im Meer wurden im Laufe der Jahrmillionen vom Meer zermahlen und als feiner Sand angeschwemmt. Dieser Vorgang wurde durch die Topografie der Südspitze erleichtert, die dafür ideal ins Meer ragt. Ein steter Süd-Westwind weht den Sand landeinwärts und wirft die Dünen auf. Während der Eiszeit ragte die Dünenlandschaft bis zu 3,5 km ins Meer hinaus. Der Meeresspiegel war damals jedoch auch gut 100 Meter niedriger. Nach einer knappen Stunde ab dem Charco erreichen wir die Landspitze Punta de Maspalomas. Wenig später folgen wir einem Stichweg landeinwärts. Hier wandern wir durch den Bereich mit den größten und schönsten Dünen. Sie sind noch kaum verwachsen und türmen sich teils bis zu 15 Meter auf. Zur Orientierung dient uns stets die palastartige Silhouette des Hotels, auf das wir geradewegs zuhalten. Dort treffen wir auf den Beginn des Strandes Playa de Inglés. An der gemauerten Promenade entlang schlendern wir zurück zum Besucherzentrum Las Dunas.

San Agustin

Gemütlicher Promenadenparcours nach Maspalomas

DAUER	2h 15min
LÄNGE	6,5 km
HÖHENMETER	20 hm
SCHWIERIGKEIT	LEICHT
MIT ÖPNV ERREICHBAR	ja

Das erwartet dich ...

Die Wanderung ist sehr einfach und führt durchgehend an der Strandpromenade entlang. Sie ist gesäumt von Hotels, Restaurants, Einkaufszentren und Badestränden. Nur einmal steigen wir in einem ehemaligen „Barranco" über Steintreppen hinab. Lohnenswert ist das kleine Besucherzentrum am Ende der Tour, in dem wir viele Informationen zum Dünenstrand erhalten.

Start & Ziel & Anreise

Der Ausgangspunkt unserer heutigen Tour ist das Zentrum von San Agustin am Busbahnhof bzw. am Einkaufszentrum. Mit dem PKW reisen wir über die GC-1, die Südautobahn der Insel, an. Im Städtchen gibt es überall Parkmöglichkeiten. Von Maspalomas fahren mehrere Busse, zum Beispiel Linie 30 oder Linie 90.

Tourenbeschreibung

Heute ist ausgedehntes Flanieren angesagt, denn wir wandern an der Südspitze von Gran Canaria von San Agustín nach Maspalomas. Vor rund 60 Jahren gab es hier nur ein paar verschlafene Fischerhüttchen. Dann wurde die Gegend für den Tourismus entdeckt und vorbei war es mit der Ruhe. Im Eiltempo entstand eine dichte Infrastruktur. Zum Glück blieb der unter Schutz stehende Dünenstrand weitgehend naturbelassen.

Vom Zentrum von San Agustín mit Endstation mehrerer Buslinien spazieren wir mit der Straße nach Osten. An einer Kreuzung geht es leicht ansteigend an Supermarkt und Hotels vorbei, bis wir an einer Treppe stehen. Sie führt nach rechts hinab und bringt uns mit schönen Blicken auf den Strand zur Promenade „Paseo del Costa Canaria". An ihrem Ende bei einem Hotel halten wir uns rechts. Jetzt folgen wir der Hauptroute, die uns bis nach Maspalomas führen wird.

Die breite, gepflasterte Promenade leitet uns an Gärtchen, Aussichtsplätzen, Ruhebänken und Cafés vorbei. Nach dem letzten Strand samt Rettungsgebäude erreichen wir nach dem Gelände des San Agustín Beach Club einen schattigen, mit Kiefern bestandenen Abschnitt. Die Promenade windet sich an einem felsigen Rand in eine Bucht und stößt auf die Playa de las Burras. Wir wandern nun länger an Appartementhäusern entlang und erreichen über einige Treppen die Basis des ehemaligen Barrancotales von Guinchos. Ein Restaurant reiht sich hier ans nächste. Gegenüber steigen wir sogleich wieder über Treppenwege hinauf zum Einkaufszentrum an der Plaza del Sol. Im Anschluss geht's vorbei am Strand Playa del Corralilloim Ortsteil El Veril mit einigen Hafenanlagen.

Nach insgesamt 5,5 km verlässt die Promenade die Küstenlinie. Vor uns liegt das Dünengebiet von Maspalomas. Wir spazieren weiter auf der breiten Promenade, gut zehn Meter über den Dünen. Mehrere Aussichtspavillons säumen den Weg. Die Flaniermeile Paseo del Costa Canaria endet mit einem Quergang nach rechts, der uns in die Avenida de Alemania bringt. Gleich im Anschluss schwenken wir wieder links zur Plaza Fuerteventura. Nochmals links gehalten durchqueren wir die Ladenpassage zum einladenden Aussichtsplatz oberhalb der Dünen. Hier befindet sich auch das Centro Interpretación Reserva Natural Dunas de Maspalomas und damit der Endpunkt unserer Wanderung.

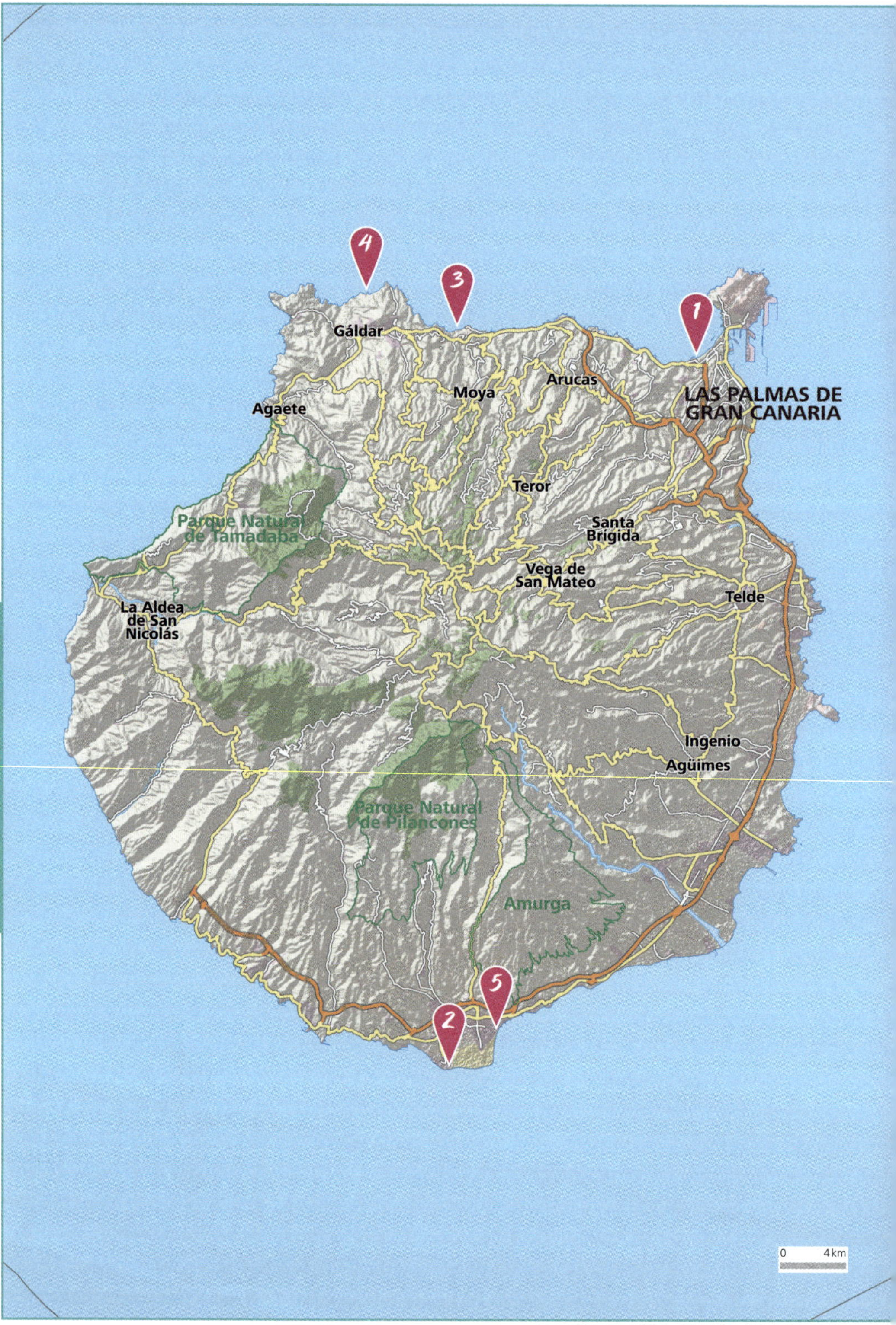
4
3
1
Gáldar
Moya
Arucas
LAS PALMAS DE GRAN CANARIA
Agaete
Teror
Parque Natural de Tamadaba
Santa Brígida
Vega de San Mateo
Telde
La Aldea de San Nicolás
Ingenio
Agüimes
Parque Natural de Pilancones
Amurga
5
2
0
4 km

Surfspots

44

Surfen was der Wind hergibt
Fünf tolle Surfspots auf Gran Canaria

1. LA CICER	Leicht bis anspruchsvoll, viel besucht
2. MASPALOMAS	Leicht, viel besucht
3. COSTA SAN FELIPE	Mittel, Steiniger Untergrund, wenig los
4. EL FRONTÓN	Sehr anspruchsvoll, für Fortgeschrittene
5. PLAYA DEL INGLÉS	Leicht,für Einsteiger gut geeignet

Das erwartet dich ...

Heute dreht sich mal alles ums Surfen. Denn dafür ist Gran Canaria bestens geeignet und das Surferlebnis auf der Atlantikinsel ist etwas ganz Besonderes. Ganzjährig gute Surfbedingungen, angenehme Wassertemperaturen, die selbst im Winter kaum unter 19 Grad sinken und natürlich tolle Surfspots – ob stadtnah oder eher einsam. Da ist für kulturhungrige Surfer ebenso etwas dabei wie für Naturliebhaber.

Spotbeschreibungen

Anders als bei den anderen Kanarischen Inseln bleibt Gran Canaria auch im Sommer vom großen Onshore verschont. Oft mach der Passatwind im Sommer nämlich viele Surfsessions zunichte. Das hohe Gebirge im Landesinneren schützt die Spots vor heftigen Winden. So eignet sich die Insel auch für Anfänger hervorragend zum Lernen. Wer schon ein bisschen sicherer auf dem Brett steht, sollte zwischen Oktober und März zum Wellenreiten auf die Insel kommen. Vor allem im Winter können wir uns dann wellenmäßig richtigen Herausforderungen stellen. Wann auch immer wir zum Surfen kommen, Wellen – ob große oder kleine – haben wir das ganze Jahr. Zudem herrschen das ganze Jahr über traumhafte Temperaturen. Selbst 15 Grad im Winter sind ein Genuss, wenn man an unsere Gefilde denkt.

Immer was los ist am **Surfspot La Cicer**. Er liegt am Strandabschnitt des Playa de las Canteras. Hier trifft die offene Dünung auf den Strand, wo sie als Beachbreak bricht. Der Spot bietet das ganze Jahr über Wellen. In den Sommermonaten sind die Wellen eher kleiner, was ideale Bedingungen für Anfänger bedeutet. Zudem gibt es mehrere Peaks, so dass sich Surfschüler und Fortgeschrittene nicht in die Quere kommen. Die Anfänger sind eher im Weißwasser unterwegs, das Revier hier ist konstant surfbar. In den Monaten von September bis Dezember kann es dann schon mal ordentlich krachen. Dann locken meterhohe Wellen die Profis nach La Cicer. Der Übergang zu diesem Strandabschnitt ist super zu erkennen, da der Sand seine goldene Farbe verliert und ins schwarz wechselt.

Ganz im Süden der Insel liegt ein nicht weniger urbane Surfspot direkt am Stadtstrand von **Maspalomas**. Der feine Sandstrand liegt neben dem Leuchtturm samt Promenade. Hier mischen sich Reefbreaks mit Beachbreaks – und das an nur einem Spot! So eignet sich das Revier hervorragend zum Üben unter verschiedenen Bedingungen. Der Strand ist sehr gut für Anfänger geeignet, die im Weißwasser ein bisschen üben können. Ein besonderes Zuckerl ist hier sicherlich die fantastische Kulisse mit den endlosen Dünen.

Ganz im Norden der Insel finden wir einen weniger stark besuchten Surfstrand. Die Strände der **Costa San Felipe** liegen zwölf Kilometer westlich von Las Palmas. Die Küstenlinie reicht vom ehemaligen Fischerdorf El Puertillo bis zum Playa San Felipe. Am Playa de Vagabundos brechen die Wellen als Beachbreak, rund um das Dorf Quintanilla als Reefbreak. Hier verzichten wir definitiv nicht auf den Neopren, denn der Untergrund ist etwas steinig. Dafür haben die Surfer den Strand weitgehend für sich. In der Nähe gibt's ein paar Schluchten mit Höhlen und Wasserfällen, falls wir mal ne Pause vom Surfen brauchen.

Nahe der Inselhauptstadt finden wir mit **El Frontón** ein Surfrevier, das mit zu den anspruchsvollsten der Insel gehört. Der Spot liegt im Gemeindebezirk Gáldar und ist geradezu berüchtigt. Der Frontón erfordert viel Mut und Können. Die Welle bricht aus zwei Richtungen und diese zwei Wellen treffen dann in der Mitte aufeinander. Dieses Aufeinandertreffen ermöglicht den Surfspezialisten Sprünge, Saltos, Tubes und sonstige Kapriolen. Grund für den Tube ist eine unter Wasser verborgene kreisrunde Steinplattform. Bei Ebbe zeigt sich diese Plattform, an der wohl auch schon mancher Knochen zu Bruch gegangen ist. Der Frontón ist also nur was für absolute Profis und wohl DIE Meisterprüfung für Surfen auf Gran Canaria.

Für weniger hitzige Gemüter gibt's zum Abschluss noch den **Playa del Inglés** bei Maspalomas. Er ist nicht nur ein beliebter Ferienort, sondern auch als Spot für Einsteiger hervorragend geeignet. Hier gibt es diverse Surfschulen, die Kurse für alle Altersklassen anbieten. Der Playa del Inglés ist der richtige Surfspot für Reisende, die vornehmlich einen Badeurlaub planen und mit ein paar Surfschwüngen ein bisschen Abwechslung suchen.

GUT
ZU WISSEN

Unsere Wander-Hacks

Es geht auch einfacher

HACKS

DIE NATUR MIT ALLEN SINNEN NUTZEN

Kurz innehalten und den Vögeln oder dem Rauschen des Meeres lauschen, auf das Rascheln der Blätter im Wind achten, die Texturen der Pflanzen fühlen, oder einfach nur an einer Blume riechen.

RÜCKWÄRTSWANDERN

Stärkt Hüft- und Rückenmuskulatur und schont die Kniegelenke. Am besten auf ebener Strecke und mit einem Vorwärtswanderer abwechseln, damit man sich auf Hindernisse aufmerksam machen kann.

BARFUSS WANDERN

Gut für kleinere und technisch nicht so anspruchsvolle Touren: gut für die Füße, nur nicht gerade über die spitzen Steine – lieber über weichen Boden oder Gras. Und gerade wenn man während der Wanderung ans Meer kommt: Einfach mal die Schuhe über die Schultern hängen.

WANDERN UND BEOBACHTEN

Manche Ecken der Insel sind ein wahres Vogelparadies: Man entschleunigt eine Wanderung extrem, wenn man sich einfach unterwegs mal in den Schatten unter einen Baum oder Felsvorsprung setzt und beobachtet. Am besten mit Feldstecher.

Endlich was Neues ausprobieren

Lust was Neues auszuprobieren?

WENN JA HABEN WIR EIN PAAR VORSCHLÄGE FÜR DICH.

- **SONNENUNTERGANG AM LEUCHTTURM:** Jeder kennt diese Szenerie für ein herrliches Sonnenuntergangsbild. Eine Silhouette, ein Leuchtturm, Fischerboote und das endlose Meer, das in der Ferne mit der roten Sonne verschmilzt. Am Faro de Maspalomas wird dir genau das geboten.

- **KAMELREITEN:** Sich einmal im Leben wie ein Tuareg fühlen. Das kannst du auf dem Rücken eines Kamels – oder wenn's nicht ganz so abenteuerlich sein soll, auch auf einem Pferd. In Maspalomas oder Fataga kannst du so die schönsten Schluchten erkunden.

- **STAND-UP-PADDELN:** Wird immer beliebter, macht aber auch riesigen Spaß! Auf den Touren 5, 40 und 41 stellen wir dir drei ganz unterschiedliche Strände vor, an denen du diese entspannende Sportart ausprobieren kannst.

- **WEIN UND WANDERN:** In manchen Gegenden Gran Canarias hat der Weinbau jahrhundertelange Tradition, wie im Nordosten nahe dem Vulkankrater Bandama. Eine Wanderung lässt sich hier wunderbar mit einem Besuch in einer Bodega verbinden.

Von Vorteil
FÜR MENSCH & NATUR

Nachhaltigkeit

BEIM WANDERN

Wandern ist eine recht schonende Sportart für die Natur und unsere Umwelt, wenn wir einige wenige Dinge beachten. Denn das Gleichgewicht ist hier extrem sensibel: Jedes zurückgelassene Papierchen in schönster Umgebung, jede Plastikwasserflasche oder auch noch so tolle Outdoorjacke, dafür voll von chemischen Inhaltsstoffen, fallen ins Gewicht. Folgende fünf Punkte geben euch einen kurzen Überblick, was ihr für euch und die Natur tun könnt. Denn Umweltschutz betrifft uns alle, schließlich haben wir nur eine Erde und mit dieser sollten wir behutsam und respektvoll umgehen.

Und das kannst du machen …

01 **Nachhaltigkeit beginnt schon bei der Anreise:** Je mehr Menschen mit dem Auto fahren, desto mehr CO_2-Ausstoß und desto mehr umweltschädlichen Gummiabrieb der Reifen gibt es. Doch viele Ausgangspunkte sind auch gut mit den öffentlichen Verkehrsmitteln zu erreichen. Also einfach mal das Auto stehen lassen. Oder Fahrgemeinschaften bilden.

02 **Keine Einwegflaschen:** Gerade das Trinken ist auf Wanderungen wichtig. Doch sollte man aus Rücksicht zur Natur und sich selbst zuliebe auf Einwegflaschen aus Plastik verzichten und lieber seine eigene Trinkflasche mitnehmen.

03 **Kein Verpackungsmüll:** Die Verpflegung für den Hunger zwischendurch ist mindestens genauso wichtig wie das Trinken. Brotdosen bieten sich zum Transport von Proviant an oder einfach alles in ein Bienenwachstuch einwickeln.

04 **Wanderausrüstung leihen:** Gerade beim Ausprobieren einer Sportart muss nicht gleich alles neu gekauft werden, was dann vielleicht im Keller landet. Manche Ausrüstungsgegenstände können auch erst einmal ausgeliehen werden. Auch ist es nicht notwendig, jedes Jahr ein neues Outfit zu kaufen. Achtet ihr schon beim ersten Kauf auf Qualität, macht sich das bemerkbar, denn qualitativ hochwertigere Produkte begleiten uns oft jahrelang.

05 **Weniger ist mehr:** Oft findet sich die schönste Natur in unmittelbarer Nähe. So muss es nicht immer die weit entfernte Gebirgskette sein. Auch Ziele, die aufgrund ihrer Bekanntheit an Wochenenden und in den Ferien total überlaufen sind, freuen sich über ein paar Besucher weniger. Weniger bekannte Ziele haben auch ihren Reiz und warten nur darauf, entdeckt zu werden.

© KOMPASS-Karten GmbH

Karl-Kapferer-Straße 5, A-6020 Innsbruck

1. Auflage 2024 (24.01)
Verlagsnummer 3542
ISBN 978-3-99154-033-5

Konzept und Bildnachweis

Konzept & Gestaltung: © KOMPASS-Karten GmbH

Text: KOMPASS-Karten AutorInnen (s. Klappe)
Soweit nicht anders angegeben stammen alle Bilder von
Peter Merz

Projektleitung: Jeff Reding

Grafische & Kartografische Herstellung:
© KOMPASS-Karten GmbH

Kartengrundlage: © KOMPASS-Karten GmbH unter
Verwendung von OpenStreetMap Contributers
(www.openstreetmap.org)

Titelbild: Grüne Hügel und Klippen vom Tamadaba Naturpark;
© hungry_herbivore - stock.adobe.com

Cover Rückseite: Sonnenuntergang auf Gran Canaria;
© javi - stock-adobe.com

Weiterer Bildnachweis:
S.2/3: © trattieritratti - stock.adobe.com
S.8/9: © Miguel Diaz Ojeda - stock.adobe.com
S.15: © stockme - stock.adobe.com
S.21: © Petr Zyuzin - stock.adobe.com
S.22: © Artur Kowalczyk - stock.adobe.com
S.24/25, S.149. S.167: © Iryna Shpulak - stock.adobe.com
S.27: © Robert Ruidl - stock.adobe.com
S.43: © zm_photo - stock.adobe.com
S.45: © Katrine - stock.adobe.com
S.47: © Rik - stock.adobe.com
S.55: © magui RF - stock.adobe.com
S.59, S.69: © inigolaitxu - stock.adobe.com
S.73, S.77, S.125, S.133: © Tamara Kulikova - stock.adobe.com
S.85: © Ivan Floriani - stock.adobe.com
S.93: © Fernando Iniesta - stock.adobe.com
S.97: © mehdi33300 - stock.adobe.com
S.101, S.208/211: © Serenity-H - stock.adobe.com
S.129: © lavizzara - stock.adobe.com
S.169: © eyewave - stock.adobe.com
S.183: © rudiernst - stock.adobe.com
S.187: © robertdering - stock.adobe.com
S.189, S.203: © marako85 - stock.adobe.com
S.191: © Jareck - stock.adobe.com
S.193: © Timon - stock.adobe.com
S.199: © photoexpert - stock.adobe.com
S.205: © tonktiti - stock.adobe.com
S.206/207: © Aleksandar Todorovic - stock.adobe.com
S.212: © philipus - stock.adobe.com
S.214/215: © russieseo - stock.adobe.com

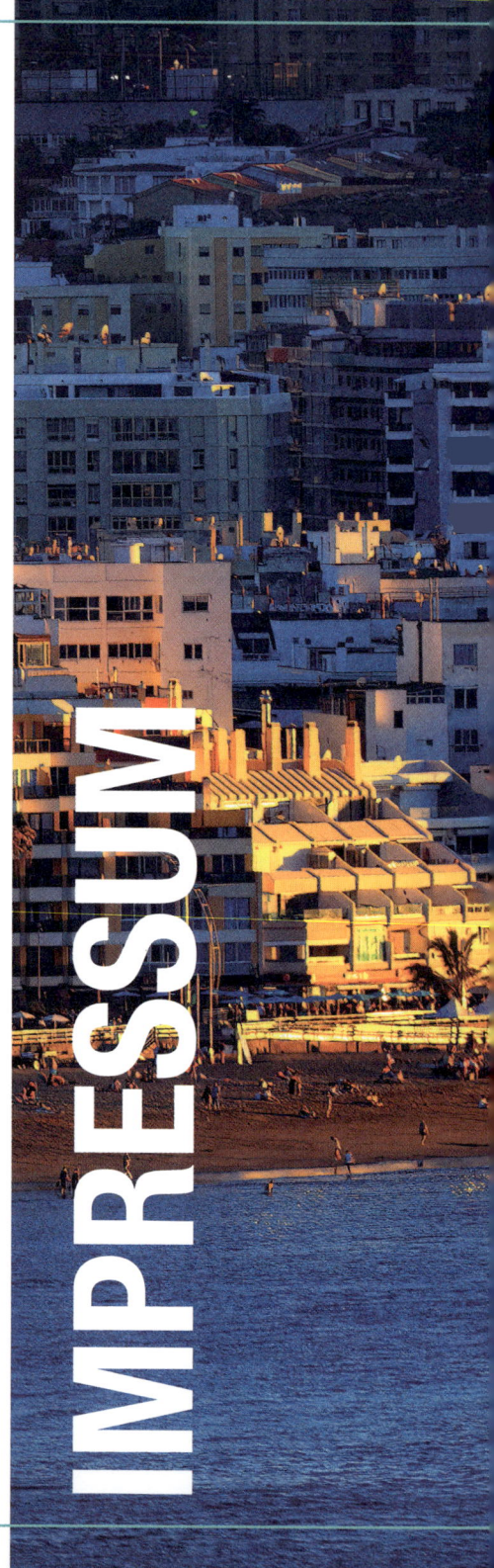

IMPRESSUM

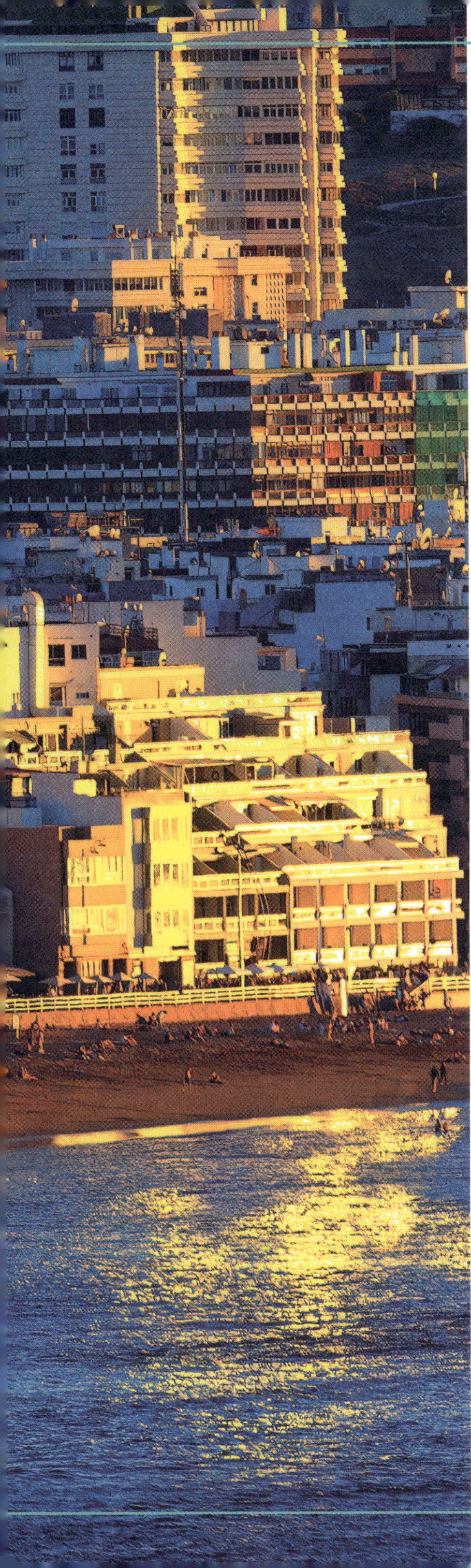

Alle Angaben und Routenbeschreibungen wurden nach bestem Wissen gemäß unserer derzeitigen Informationslage gemacht. Die Wanderungen wurden sehr sorgfältig ausgewählt und beschrieben, Schwierigkeiten werden im Text kurz angegeben. Es können jedoch Änderungen an Wegen und im aktuellen Naturzustand eintreten. Wanderer und alle Kartenbenützer müssen darauf achten, dass aufgrund ständiger Veränderungen die Wegzustände bezüglich Begehbarkeit sich nicht mit den Angaben in der Karte decken müssen. Bei der großen Fülle des bearbeiteten Materials sind daher vereinzelte Fehler und Unstimmigkeiten nicht vermeidbar. Die Verwendung dieses Führers erfolgt ausschließlich auf eigenes Risiko und auf eigene Gefahr, somit eigenverantwortlich. Eine Haftung für etwaige Unfälle oder Schäden jeder Art wird daher nicht übernommen. Für Berichtigungen und Verbesserungsvorschläge ist die Redaktion stets dankbar. Korrekturhinweise bitte an folgende Anschrift:

KOMPASS KARTEN GMBH
Karl-Kapferer-Straße 5, A-6020 Innsbruck
www.kompass.de/service/kontakt

Deine Orientierung

Hallo!
Ich bin deine Anleitung, wie du zu den GPX-Tracks aus deinem neuen Buch
kommst. Damit kannst du dir die Route in Outdoor-Apps und Navigationsgeräte laden. Scann den QR-Code oder gehe auf folgende Webseite:

www.kompass.de/gpx

**Für Navigationsgeräte und Apps haben wir auf unserer Webseite alle Touren
im GPX-Format zum Download bereitgestellt:**
Hier findet man alle weiteren Informationen. Einfach das richtige Produkt auf der
Seite auswählen, die Daten herunterladen und auf das Zielgerät oder in die
gewünschte App importieren.

Was ist ein GPX-Track? GPX ist ein Datenformat für Geodaten. Das Wort GPS
steht für Global Positioning System (Globales Positionsbestimmungssystem).
Mit einem GPX-Track bekommt man die rote Linie, also den Wegverlauf,
als geografische Koordinaten.

N 47° 24' 50.0076"
E 10° 20' 48.0336"

N 47° 23' 35.9988"
E 10° 22' 50.9988"